房地产企业
会计岗位实操大全

流程+成本+做账+税法

会计真账实操训练营 编著

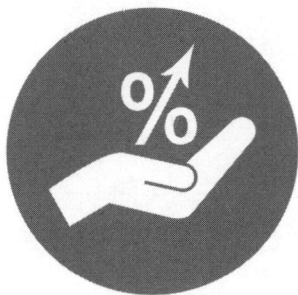

中国铁道出版社有限公司
CHINA RAILWAY PUBLISHING HOUSE CO., LTD.

图书在版编目（CIP）数据

房地产企业会计岗位实操大全：流程＋成本＋做账＋税法/会计真账
实操训练营编著. —北京：中国铁道出版社有限公司，2021.6
ISBN 978-7-113-27767-3

Ⅰ.①房… Ⅱ.①会… Ⅲ.①房地产业-企业会计 Ⅳ.①F293.342

中国版本图书馆 CIP 数据核字(2021)第 034489 号

书　　　名：**房地产企业会计岗位实操大全（流程＋成本＋做账＋税法）**
　　　　　　FANGDICHAN QIYE KUAIJI GANGWEI SHICAO DAQUAN(LIUCHENG＋CHENGBEN＋ZUOZHANG＋SHUIFA)
作　　　者：会计真账实操训练营

责任编辑：王淑艳　　　编辑部电话：（010）51873022　　　电子邮箱：554890432@qq.com
封面设计：王　岩
责任校对：苗　丹
责任印制：赵星辰

出版发行：中国铁道出版社有限公司（100054，北京市西城区右安门西街 8 号）
网　　址：http://www.tdpress.com
印　　刷：北京铭成印刷有限公司
版　　次：2021 年 6 月第 1 版　2021 年 6 月第 1 次印刷
开　　本：700 mm×1 000 mm 1/16　印张：17.75　字数：290 千
书　　号：ISBN 978-7-113-27767-3
定　　价：69.80 元

前　言

要想做一名业务型的会计，首先要熟悉建筑施工企业经营流程，其次才是会计日常账务处理，最后还要熟悉法律法规，避免引发税务风险。

编写目的

房地产企业由于开发产品单位价值高、建设周期长、负债经营程度高、涉税较多的特点，决定其会计核算具有鲜明的行业特色。开发经营业务涉及面广，经济往来对象多，企业不仅因购销关系与设备、材料物资供应单位等发生经济往来，而且因工程的发包、招标与勘测设计单位、施工单位发生经济往来，还会因受托代建开发产品、出租开发产品等与委托单位和承租单位发生经济业务往来。企业除了土地和房屋开发外，还要建设相应的基础设施和公共配套设施，经营业务囊括了从征地、拆迁、勘测、设计、施工、销售到售后服务全过程。本书以"图表＋案例"形式，达到真账模拟的目的，情景演示建筑业会计账务处理全流程。本书有两大亮点：一是"新收入准则"的运用；二是结合相关章节，将最新税法政策融入案例中解析。

编写特色

◆ 突出流程。根据房地产企业会计核算特点，突出经营流程，从前期成本项目归集到销售收入核算，详解会计与税务的处理。

◆ 实操性强。针对具体业务进行账务处理，根据日常业务逐笔编制会计分录，使读者正确应用会计科目。

◆ 图文并茂。本书以大量的案例展现建筑施工企业经营业务，尽量用图、表形式呈现，适合零基础的读者，实现从"0"到"1"的飞跃。

读者对象

本书既可作为会计初学者的入门图书，也可作为高职高专财税专业教材，以及财务从业人员岗位培训教材。

虽然我们力求完美，但由于时间有限，编写过程中难免存在不足与遗憾，希望广大读者多提宝贵意见。

编　者

目　录

I

第5章　房屋开发成本结转

第6章　房地产企业销售收入的核算

第7章 房地产开发企业增值税业务核算

第1章
房地产开发企业经营模式

房地产开发是指依据《中华人民共和国城市房地产管理法（2019修正）》的规定，在取得国有土地使用权的土地上进行基础设施、房屋建设的行为。

根据《城市房地产开发经营管理条例》规定，房地产开发经营是指房地产开发企业在城市规划区内国有土地上进行基础设施建设、房屋建设，并转让房地产开发项目或者销售、出租商品房的行为。

1.1 房地产开发企业设立

设立房地产开发企业，应当具备下列条件：

（1）有自己的名称和组织机构；

（2）有固定的经营场所；

（3）有符合国务院规定的注册资本；

（4）有足够的专业技术人员；

（5）法律、行政法规规定的其他条件。

设立房地产开发企业，应当向工商行政管理部门申请设立登记。房地产开发企业在领取营业执照后的 30 天以内，应当到登记机关所在地的县级以上地方人民政府规定的部门备案。

1.1.1 房地产开发企业资质

根据《房地产开发企业资质管理规定》，房地产开发企业按照企业条件分为四个资质等级。一级资质的房地产开发企业承担房地产项目的建设规模不受限制，可以在全国范围承揽房地产开发项目。二级资质及二级资质以下的房地产开发企业可以承担建筑面积 25 万平方米以下的开发建设项目，承担业务的具体范围由省、自治区、直辖市人民政府建设行政主管部门确定。各资质等级企业应当在规定的业务范围内从事房地产开发经营业务，不得越级承担任务。

1. 一级资质

申请一级资质的企业应满足以下条件：

（1）从事房地产开发经营 5 年以上；

（2）近 3 年房屋建筑面积累计竣工 30 万平方米以上，或者累计完成与此相当的房地产开发投资额；

（3）连续 5 年建筑工程质量合格率达 100％；

（4）上一年房屋建筑施工面积 15 万平方米以上，或者完成与此相当的房地产开发投资额；

（5）有职称的建筑、结构、财务、房地产及有关经济类的专业管理人员不少于 40 人，其中具有中级以上职称的管理人员不少于 20 人，持有资格证书的专职会计人员不少于 4 人；

（6）工程技术、财务、统计等业务负责人具有相应专业中级以上职称；

（7）具有完善的质量保证体系，商品住宅销售中实行《住宅质量保证书》和《住宅使用说明书》制度；

（8）未发生过重大工程质量事故。

2. 二级资质

申请二级资质的企业应满足以下条件：

（1）从事房地产开发经营 3 年以上；

（2）近 3 年房屋建筑面积累计竣工 15 万平方米以上，或者累计完成与此相当的房地产开发投资额；

（3）连续 3 年建筑工程质量合格率达 100％；

（4）上一年房屋建筑施工面积 10 万平方米以上，或者完成与此相当的房地产开发投资额；

（5）有职称的建筑、结构、财务、房地产及有关经济类的专业管理人员不少于 20 人，其中具有中级以上职称的管理人员不少于 10 人，持有资格证书的专职会计人员不少于 3 人；

（6）工程技术、财务、统计等业务负责人具有相应专业中级以上职称；

（7）具有完善的质量保证体系，商品住宅销售中实行《住宅质量保证书》和《住宅使用说明书》制度；

（8）未发生过重大工程质量事故。

3. 三级资质

申请三级资质的企业应满足以下条件：

（1）从事房地产开发经营 2 年以上；

（2）房屋建筑面积累计竣工 5 万平方米以上，或者累计完成与此相当的房地产开发投资额；

（3）连续 2 年建筑工程质量合格率达 100％；

（4）有职称的建筑、结构、财务、房地产及有关经济类的专业管理人员不少于 10 人，其中具有中级以上职称的管理人员不少于 5 人，持有资格证书的专职会计人员不少于 2 人；

（5）工程技术、财务等业务负责人具有相应专业中级以上职称，统计等其他业务负责人具有相应专业初级以上职称；

（6）具有完善的质量保证体系，商品住宅销售中实行《住宅质量保证书》和《住宅使用说明书》制度；

（7）未发生过重大工程质量事故。

4. 四级资质

申请四级资质的企业应满足以下条件：

（1）从事房地产开发经营 1 年以上；

（2）已竣工的建筑工程质量合格率达 100％；

（3）有职称的建筑、结构、财务、房地产及有关经济类的专业管理人员不少于 5 人，持有资格证书的专职会计人员不少于 2 人；

（4）工程技术负责人具有相应专业中级以上职称，财务负责人具有相应专业初级以上职称，配有专业统计人员；

（5）商品住宅销售中实行《住宅质量保证书》和《住宅使用说明书》制度；

（6）未发生过重大工程质量事故。

5. 如何办理资质

新设立的房地产开发企业应当自领取营业执照之日起 30 日内，持下列文件到房地产开发主管部门备案：

（1）营业执照复印件；

（2）企业章程；

（3）企业法定代表人的身份证明；

（4）专业技术人员的资格证书和劳动合同；

（5）房地产开发主管部门认为需要出示的其他文件。

房地产开发主管部门应当在收到备案申请后 30 日内向符合条件的企业核发《暂定资质证书》。《暂定资质证书》有效期 1 年，房地产开发主管部门可以视企业经营情况延长《暂定资质证书》有效期，但延长期限不得超过 2 年。自领取《暂定资质证书》之日起 1 年内无开发项目的，《暂定资质证书》有效期不得延长。

1.1.2　房地产开发企业经营流程

房地产开发操作流程包括投资决策、规划设计、建设实施、竣工交付，如图 1-1 所示。

投资决策	1. 市场条件判	2. 项目位置选择	3. 确定开发方案	4. 编制可行性研究报告
规划设计	1. 办理《建设用地规划许可证》	2. 领取《国有土地使用证》	3. 领取《建设工程规划许可证》	
建设实施	1. 招标：寻找施工单位	2. 领取《建设工程施工许可证》	3. 开工建设	
竣工交付	领取《商品房销售许可证》			

图 1-1　房地产企业开发流程

在房地产企业开发流程中，"五证"缺一不可，即《建设用地规划许可证》《国有土地使用证》《建设工程规划许可证》《建设工程施工许可证》《商品房销售许可证》。

1. 第一步，投资决策

房地产开发企业通过对市场和政策分析，了解目标城市规划，明确重点投资区域，初步进行市场调研，提供竞争楼盘及周边配套分析等。确定开发方案，编制可行性研究报告，参加土地竞拍。

2. 第二步，规划设计

在房地产开发中，土地的取得是最重要的。企业获得土地的方式包括政府划拨或协议出让，投资参股、土地收购，以及在土地市场进行招标、拍卖、挂牌公开获得土地。企业取得土地后签署土地出让合同，办理《建设用地规划许可证》《建设工程规划许可证》，领取《国有土地使用证》，向设计单位招标，进行成本预算，支付首期土地出让金。项目总体规划设计方案报政府有关部门审核批准，成立招投标小组，监理单位、总包单位招投标。

提示

    （1）《建设用地规划许可证》是建设单位在向土地管理部门申请征用、划拨土地前，经城市规划行政主管部门确认建设项目位置和范围符合城市规划的法定凭证，是建设单位用地的法律凭证。

    （2）《国有土地使用证》是证明土地使用者（单位或个人）使用国有土地的法律凭证，受法律保护。

    （3）《建设工程规划许可证》是有关建设工程符合城市规划要求的法律凭证，是建设单位建设工程的法律凭证，是建设活动中接受监督检查时的法定依据。没有此证的建设单位，其工程建筑是违章建筑，不能领取房地产权属证件。

    （4）《建筑工程施工许可证》，也称为《建筑工程开工证》，是建筑施工单位符合各种施工条件、允许开工的批准文件，是建设单位进行工程施工的法律凭证，也是房屋权属登记的主要依据之一。

    （5）《商品房销售（预售）许可证》是市、县人民政府房地产行政管理部门允许房地产开发企业销售商品房的批准文件。

在此阶段，应向政府相关部门办理手续，如图 1-2 所示。

3. 第三步，建设实施

企业取得《建设工程施工许可证》，可以进行项目施工，项目分包可进行招标，同时确定推广销售策略，资金不足可办理抵押贷款。

4. 第四步，竣工交付

建设工程竣工验收，进行工程结算，并取得《商品房销售许可证》，正式开盘，进行推广及销售活动。

第三、第四步中相关证件取得的流程，如图 1-3 所示。

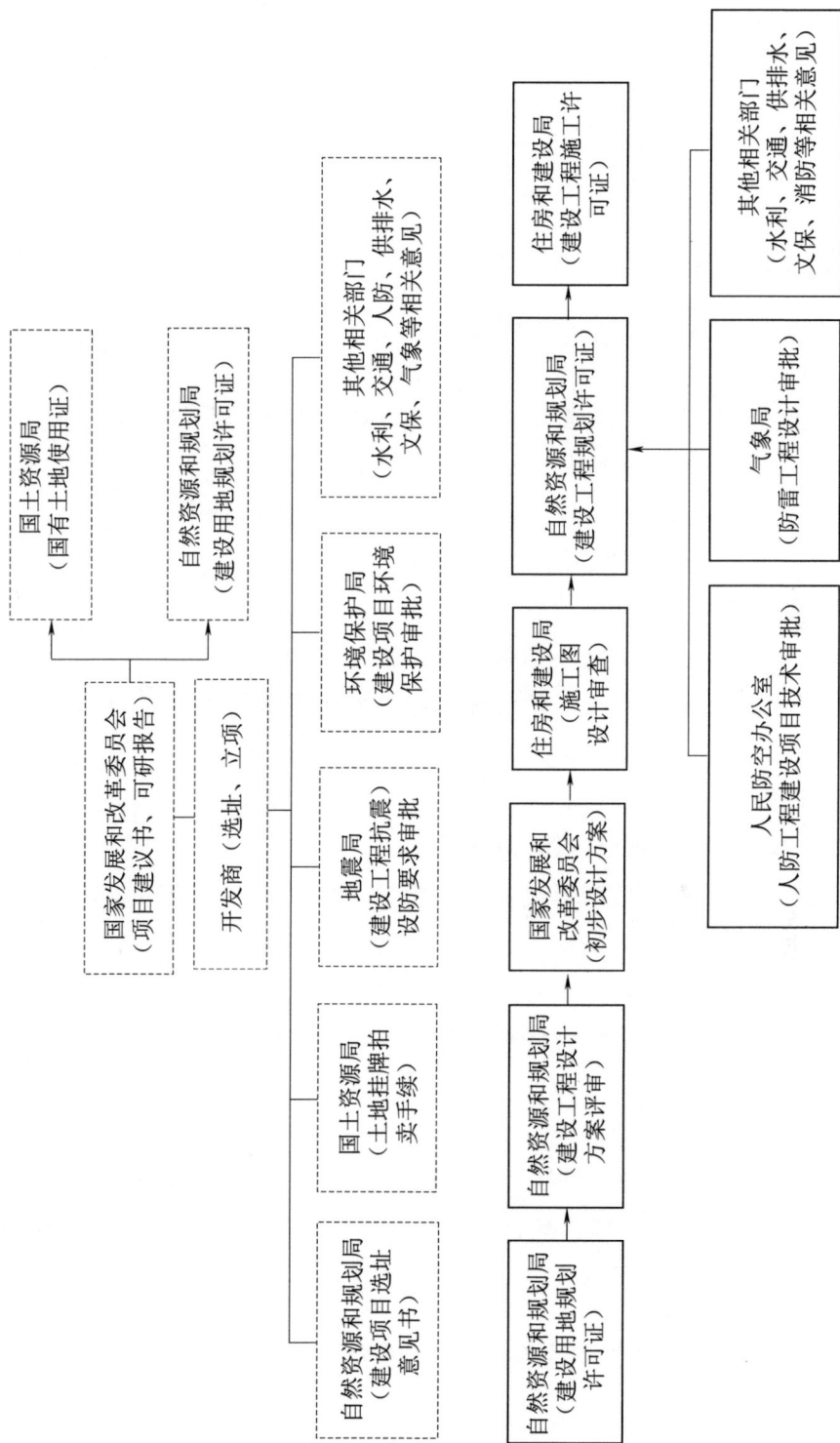

图 1-2 办理相关证件涉及的部门

国土资源局
（国有土地使用证）

自然资源和规划局
（建设用地规划许可证）

国家发展和改革委员会
（项目建议书、可研报告）

开发商（选址、立项）

其他相关部门
（水利、交通、人防、供排水、
文保、气象等相关意见）

环境保护局
（建设项目环境
保护审批）

地震局
（建设工程抗震
设防要求审批）

国土资源局
（土地挂牌拍
卖手续）

自然资源和规划局
（建设项目选址
意见书）

自然资源和规划局
（建设用地规划
许可证）

自然资源和规划局
（建设工程设计
方案评审）

国家发展和
改革委员会
（初步设计方案）

住房和建设局
（施工图
设计审查）

自然资源和规划局
（建设工程规划许可证）

人民防空办公室
（人防工程建设项目技术审批）

气象局
（防雷工程设计审批）

住房和建设局
（建设工程施工许
可证）

其他相关部门
（水利、交通、供排水、
文保、消防等相关意见）

图 1-3 相关证件取得流程

5. 商品房销售

商品房销售有预售和现售两种方式。

（1）预售。

由于预售可以提前回收资金，目前开发商大多采用此种销售方式。预售条件，《中华人民共和国城市房地产管理法》第五条规定：

①已交付全部土地使用权出让金，取得土地使用权证书；

②持有建设工程规划和施工许可证；

③按提供预售的商品房计算，投入开发建设的资金达到工程建设总投资的 25％以上，并已经确定施工进度和竣工交付日期；

④向县级以上人民政府房产管理部门办理预售登记，取得商品房预售许可证明。

（2）现售。

商品房现售，应当符合以下条件：

①现售商品房的房地产开发企业应当具有企业法人营业执照和房地产开发企业资质证书；

②取得土地使用权证书或者使用土地的批准文件；

③持有建设工程规划许可证和施工许可证；

④已通过竣工验收；

⑤拆迁安置已经落实；

⑥供水、供电、供热、燃气、通信等配套基础设施具备交付使用条件，其他配套基础设施和公共设施具备交付使用条件或者已确定施工进度和交付日期；

⑦物业管理方案已经落实。

1.1.3　房地产开发企业生产经营的特殊性

房地产开发企业生产经营及其商品的特殊性决定了会计核算的特殊性。

同其他行业相比，房地产开发企业的会计核算具有以下特点。

1. 开发产品收入的特殊性

房地产开发企业营业收入一般包括土地转让收入、商品房销售收入、配套设施转让收入、其他业务收入等。由于房地产开发产品价值高、开发周期长，需要大量的资金，销售往往采用预售办法。由于项目未完工，预售款项无法确认为收入，只能计入预收账款，造成收入与房屋交付期不一致。

一般来说，在房地产投资建设的初期往往面临资金投入大而收入较少的现象，但在建设后期资金投入相对较少而收入大量增加。

2. 开发产品成本的核算具有一定的特殊性

（1）核算难度大。房地产开发企业主要从事房地产开发建设活动，其生产成本主要指开发产品的成本，包括土地征用及拆迁补偿费、前期工程费、建筑安装工程费、基础设施建设费、公共配套设施费、开发间接费用及其他开发费用等。这些成本具备不同的特性、涉及不同的专业领域，从而导致成本核算难度大。

（2）核算时间跨度大。房地产项目开发的周期较长，少则 1 至 2 年，多则 5 年，使房地产成本费用核算的时间跨度很大。

（3）成本核算的差异较大。

3. 存货核算的特殊性

房地产开发企业的土地使用权是作为存货核算的，而其他企业拥有的土地使用权一般作为无形资产核算；房地产开发企业的存货的借款费用可以资本化。

4. 涉及税种较多

在整个开发过程中，房地产行业涉及税种包括增值税、城市维护建设税、教育费附加、企业所得税、房产税、城镇土地使用税、车船使用税、印花税、契税、个人所得税、土地增值税等。

1.2 房地产开发企业会计业务流程

房地产开发可将土地和房屋合在一起开发，也可将土地和房屋分开开发。

经营房地产投入资金多，风险大，在项目的规划阶段，必须对项目的投资与成本费用进行准确的估算，以便作出经济效益评价、投资决策。

房地产建设项目各项费用的构成复杂，变化因素多、不确定性大，依建设项目的类型不同而有其自身的特点，因此不同类型的建设项目，其投资和费用的构成有一定差异。

1.2.1　房地产开发项目总成本费用构成估算

对于一般房地产开发项目而言，投资及成本费用由开发成本和开发费用两大部分组成。具体项目见表1-1。

表1-1　房地产项目开发成本项目明细表

分类	单项序号	分类单项名称		工程量	费用总额	备　注
土地费用	1	土地出让金（含拍卖费用）				
	2	城市建设配套费	商场			
			住宅			
			办公			
			地下室			
	3	拆迁安置补偿费				
	4	拆迁许可证办证费		估算（含其他费用）		
	5	土地预登记证办证费				
		合计				
前期工程费	1	总体规划设计费	总图设计费			
			建筑单体设计费			
			施工图设计费			
			特殊设计费			
	2	可行性研究费				
	3	三通一平费	施工接水费			
			施工接电费			
			场地平整费			
			临时设施费（围墙、办公用房等）			

	分类单项序号	分类单项名称			工程量	费用总额	备　注
前期工程费	4	项目测量费		地形图测绘费			
				道路红线规划费			
				试放线费			
				基础验线费			
				±0.000 验线费			
				竣工测量费			
	5	人防配套费（含地下室人防设计费）					
	6	工程质量监督费			按工程造价计算		
	7	招投标管理费					
	8	投资许可证办证费					
	9	建设工程规划许可证费					
	10	施工许可证费					
		合计					
建安工程费	房屋开发建设费	1	建筑工程费	结构工程			
				建筑工程			
				特殊外装修工程			
		2	设备及安装费	给排水设备安装			
				电器照明及设备安装			
				空调通风设备及安装			
				弱电设备及安装			
				电梯及安装			
				消防设施设备			
				其他设备安装			
		3	室内装饰及配置				
		4	施工图预算和标底编制费				
		5	工程合同预算或标底审查费				
		6	工程监理费				
		7	竣工图编制费				

	分类单项序号	分类单项名称	工程量	费用总额	备 注
房屋开发建设费	8	水增容费			
	9	煤气开户及安装费			
	10	用电开户及安装费			
	11	平基土石方费（含基坑）			
	12	边坡支护费			
	13	水文地质勘察费			
合计					
建安工程费	（二）公共配套设施建设费	羽毛球、儿童游乐设施等（停车场、托儿所、公共厕所等）			
	（三）基础设施建设费（含各项设施与市政设施干线、干道、干管的接口费用） 1	自来水			
	2	污水			
	3	煤气			
	4	供电			
	5	通信			
	6	道路			
	7	绿化			
	8	环卫			
	9	室外照明			
	10	路牌			
	11	宽带网			
	12	闭路电视			
	13	可视对讲			
合计					
项目管理费	1	公司经费			
	2	工会经费			
	3	职工教育经费			
	4	档案汇编及手续费			

上表

分类	分类 单项 序号	分类单项名称	工程量	费用总额	备 注
项目 管理 费	5	咨询费			
	6	噪声费			
	7	治安费			
	8	防雷设施			
	9	渣土办证费（含清运费）			
	10	排污费			
	11	车辆维护费			
	12	开办费摊销			
	13	业务招待费			
	14	报废损失			
	15	办公行政费			
	16	项目管理人员工资及奖金			
合　计					
销售 费用	1	销售人员工资、奖金、福利类			
	2	差旅费			
	3	销售机构的折旧费、修理费、物料消耗费			
	4	广告宣传费			
	5	代理费			
	6	预售许可证费（含预售测绘）			
	7	注册证办证费（含印花税、登记费、手续费等）			
	8				
合　计					
财务 费用	1	借款利息			
	2	金融机构手续费			
	3	融资代理费			

013

续上表

	分类单项序号	分类单项名称	工程量	费用总额	备 注
财务费用	4	其他财务费用			
	5	坏账损失			
合　计					
其他费用	1	合同公证费			
	2	保险费			
合　计					
不可预见费		取费基数为前七大项之和			
税金	1	增值税			
	2	契税（土地）			
	3	契税（拆迁安置、补偿）			
	4	企业所得税			
合　计					
总　计					

1. 土地费用估算

（1）土地使用权出让金。

土地出让金的底价估算一般可参照政府同期出让的类似地块的出让金数额并进行时间、地段、用途、临街状况、建筑容积率、土地出让年限、周围环境状况及土地现状等因素的修正得到；也可以依据城市人民政府颁布的城市基准地价或平均标定地价，根据项目用地所处的地段等级、用途、容积率、使用年限等因素修正得到。土地有偿出让的方式包括拍卖、招标与协议。

（2）土地征用及拆迁安置补偿费。

拆迁补偿的方式可以实行货币补偿，也可以实行产权调换。货币补偿的金额，应根据被拆迁房屋的区位、用途、建筑面积等因素，以房地产市场评估价格确定；实行产权调换的，应计算被拆迁房屋的补偿金额和所调换房屋的价格，结清产权调换的差价。

（3）土地转让费。

土地转让费是指土地受让方向土地转让方支付土地使用权转让费。依法通过土地出让或转让方式取得的土地使用权可以转让给其他合法使用者。

（4）土地租用费。

土地租用费是指土地租用方向土地出租方支付的费用。在房地产开发投资中不多见，但在房地产置业投资中（如购入酒店以作出租经营之用时）经常采用。

（5）土地投资折价。

企业往往以土地投资的方式获取股权，这是常见的合作开发项目的模式。

2. 前期工程费

前期工程费主要包括开发项目的前期规划、设计、可行性研究、水文地质勘测以及"三通一平"等土地开发工程费支出。

（1）项目的规划、设计、可行性研究所需的费用一般可按项目总投资的一个百分比估算。一般情况下，规划及设计费为建安工程费的3%左右，可行性研究费占项目总投资的0.1%～0.3%，水文、地质勘探所需的费用可根据工作量结合有关收费标准估算，一般为设计概算的0.5%左右。

（2）"三通一平"等土地开发费用，主要包括地上原有建筑物、构筑物拆除费用、场地平整费用和通水、电、路的费用。这些费用的估算可根据实际工作量，参照有关计费标准估算，一般为设计概算的0.35%。

3. 基础设施建设费

基础设施建设费又称为红线内外工程费，是指建筑物2米以外和小区规划红线以内的各种管线和道路等工程的费用，主要包括供水、供电、道路、绿化、供气、排污、排洪、电讯、环卫等设施的建设费用以及各项设施与市政设施干线、干管和干道的接口费用。

基础设施费通常采用单位指标估算法来计算。粗略估算时，则各项基础设施工程均可按建筑平方米或用地平方米造价计算。

4. 建筑安装工程费

建筑安装工程费是指直接用于工程建设的总成本费用，主要包括建筑工程费（结构、建筑、特殊装修工程费）、设备及安装工程费（给排水、电气照明、电梯、空调、煤气管道、消防、防雷、弱电等设备及安装）以及室内装修工程费用等。

5. 公共配套设施建设费

公共配套设施费是指居住小区内为居民服务配套建设的各种非营业性的公共配套设施（又称公建设施）的建设费用。主要包括居委会、派出所、托儿所、幼儿园、公共厕所、停车场等。

6. 开发间接费

开发间接费是指房地产开发企业所属独立核算单位在开发现场组织管理所发生的各项费用，包括工资、福利费、折旧费、修理费、办公费、水电费、劳动保护费、周转房摊销和其他费用等。

7. 管理费用

管理费用是指房地产企业行政管理部门为组织和管理房地产项目的开发经营活动而发生的各种费用，主要包括：管理人员工资、工会经费、业务接待费、职工教育经费、劳动保险费、待业保险费、董事会费、咨询费、审计费、诉讼费、房产税、土地使用税（企业管理用房）、车船使用费、技术开发费、无形资产摊销、开办费摊销等各种费用。

管理费用可按项目投资或前述 1～5 项直接费用为基数，取一个百分比计算。这个百分数一般为 3%。

8. 财务费用

财务费用是指房地产开发企业为筹集资金而发生的各项费用，主要包括借款和债券的利息、金融机构手续费、保险费、融资代理费、外汇汇兑净损失以及企业为项目筹资发生的其他财务费用。

长期借款利息、流动资金借款利息的计算详见"借款还本付息估算"。利息外的财务费用可按利息 10% 估算。

9. 销售费用

销售费用是指开发项目在销售产品过程中发生的各项费用以及专设销售机构或委托销售代理的各项费用，主要包括如下三项。

（1）广告宣传费。约为销售收入的 2%～3%；

（2）销售代理费。约为销售收入的 1.5%～2%；

（3）其他销售费用。约为销售收入的 0.5%～1%。

以上各项合计，销售费用约占销售收入的 4%～6%。

10. 其他费用

其他费用主要包括临时用地费和临时建设费、工程造价咨询费、总承包管理费、合同公证费、施工执照费、工程监理费、竣工图编制费、工程保险费等。这些费用按当地有关部门规定的费率估算，一般约占投资额的 2%～3%。

11. 开发期间税费

开发项目投资估算应考虑项目在开发过程中所负担的各种税金和地方政府或有关部门征收的费用。在一些大中城市，这部分税费已成为开发建设项目投资构成中占较大比重的费用。各项税费应当根据当地有关法规标准估算。

12. 不可预见费

不可预见费包括备用金（不含工料价格上涨备用金）、不可预见的基础或其他附加工程增加的费用、不可预见的自然灾害增加的费用。它依据项目的复杂程度和前述各项费用估算的准确程度，以上述各项费用之和为基数，按 3%～5%计算。

13. 运营费用

运营费用是指房地产项目开发完成后，在项目经营期间发生的各种运营费用，主要包括管理费用、销售费用等。

14. 修理费用

修理费用是指以出租或自营方式获得收益的房地产项目在经营期间发生的物料消耗和维修费用。

1.2.2　正确划分成本项目

开发产品成本是指房地产开发企业在开发过程中所发生的各项费用支出。开发产品成本按其用途，可分为如下四类：

（1）土地开发成本指房地产开发企业开发土地（即建设场地）所发生的各项费用支出。

（2）房屋开发成本指房地产开发企业开发各种房屋（包括商品房、出租房、周转房、代建房等）所发生的各项费用支出。

（3）配套设施开发成本指房地产开发企业开发能有偿转让的大配套设施及不能有偿转让、不能直接计入开发产品成本的公共配套设施所发生的各项费用支出。

（4）代建工程开发成本指房地产开发企业接受委托单位的委托，代为开发除土地、房屋以外其他工程如市政工程等所发生的各项费用支出。

以上四类开发产品成本，在会计核算上将其费用分为如下六个成本项目：

（1）土地征用及拆迁补偿费或批租地价指因开发房地产而征用土地所发生的各项费用，包括征地费、安置费以及原有建筑物的拆迁补偿费，或采用批租方式取得土地的批租地价。

（2）前期工程费指土地、房屋开发前发生的规划、设计、可行性研究以及水文地质勘察、测绘、场地平整等费用。

（3）基础设施费指土地、房屋开发过程中发生的供水、供电、供气、排污、排洪、通讯、照明、绿化、环卫设施以及道路等基础设施费用。

（4）建筑安装工程费指土地房屋开发项目在开发过程中按建筑安装工程施工图施工所发生的各项建筑安装工程费和设备费。

（5）配套设施费指在开发小区内发生，可计入土地、房屋开发成本的不能有偿转让的公共配套设施费用，如锅炉房、水塔、居委会、派出所、幼托、消防、自行车棚、公厕等设施支出。

（6）开发间接费指房地产开发企业内部独立核算单位及开发现场为开发房地产而发生的各项间接费用，包括现场管理机构人员工资、福利费、折旧费、修理费、办公费、水电费、劳动保护费、周转房摊销等。

以上为构成房地产开发企业产品的开发成本，开发企业（公司本部）行政管理部门为组织和管理开发经营活动而发生的管理费用、财务费用，以及为销售、出租、转让开发产品而发生的销售费用，与开发工程量的关系并不十分密切，不计入开发成本。

如果将期间费用计入开发产品成本，在开发产品开发和销售、出租、转让不同步的情况下，就会增加开发产品的成本，特别是在开发房地产滞销时期，会造成企业潜在亏损，不能及时反映企业的经营状况。同时，将期间费用计入开发产品成本，不但要增加核算的工作量，也不利于正确考核企业开发单位的成本水平和成本管理责任。因此，现行会计制度中规定将期间费用计入当期损益，不再计入开发产品成本，也就是说，房地产开发企业开发产品只计算开发成本，不计算完全成本。

1.2.3 成本对象确定方法

根据成本核算对象的确定原则，并结合项目实际情况，确定具体成本核算对象。

（1）同一项目有裙楼、公寓、写字楼等不同功能的，在按期（区）划分成本核算对象的基础上，还应按功能划分成本核算对象。

（2）同期开发完成的项目，按独立别墅、联排别墅、多层洋房、普通多层、小高层、高层、超高层、独立商业、底层商业、写字楼、可售车位等不同可售产品类型划分成本核算对象。

（3）成片分期（区）开发的项目，以各期（区）为成本核算对象。

核算对象的划分要便于合同的拆分和费用的归集，差异性小的产品可以合并作为统一的成本核算对象，尽量归属于（1）条中的某一核算对象类别中。如：14 层高层和 16 层高层的建安成本差异很小，可统一作为高层类别来核算成本。

所有房地产开发项目中，成本项目的划分是相同的，而成本对象是房地产企业自行确定的。

```
                    ┌──────────────┐
                    │   开发总成本   │
                    └──────────────┘
                   ┌─────┴─────┐
          ┌─────────────┐  ┌─────────────┐
          │   成本对象一   │  │   成本对象二   │
          └─────────────┘  └─────────────┘
              ├ 成本项目一       ├ 成本项目一
              └ 成本项目二       └ 成本项目二
```

1.2.4 房地产企业开发项目涉税税种

房地产企业税种包括增值税、企业所得税、城镇土地使用税、土地增值税、个人所得税、契税、印花税、教育费附加、地方教育费附加、城镇维护建设税、房产税、耕地占用税等，具体情形见表 1-2。

表 1-2　房地产行业开发项目各阶段涉税税种

阶段	涉及主要税费	税　　　率
土地征用阶段	耕地占用税	应按应税土地面积和规定的定额税率缴纳耕地占用税。净地出让时，开发企业不缴纳
	契税	按土地计税价格的 3%～5% 缴纳
	城镇土地使用税	按实际占用的土地面积和定额税率计算缴纳
	印花税	支付土地出让金按照"产权转移书据"税目征收，税率为 5‰
开发建设阶段	增值税	一般纳税人按工程结算收入的 9% 缴纳，或清包方式 3% 缴纳
	城市维护建设税	按缴纳增值税税额的 1%～7% 缴纳（具体税率以地方规定为准）
	教育费附加	按缴纳增值税税额的 3% 缴纳
	地方教育附加	按缴纳增值税税额的 2% 缴纳
	印花税	按工程合同金额的 $\frac{3}{10\,000}$ 缴纳
	企业所得税	按适用税率缴纳
	个人所得税	企业职工工资薪金所得，按 3%～45% 的超额累进税率计算缴纳
销售转让一级市场	增值税	一般纳税人按销售收入及预收账款金额的 9%（或 3% 预缴纳）缴纳（扣除房地产企业缴纳的土地出让金及实际支付的征地拆迁费）
	城市维护建设税	按缴纳增值税税额的 1%～7% 缴纳。
	教育费附加	按缴纳增值税税额的 3% 缴纳
	地方教育附加	按缴纳增值税税额的 2% 缴纳
	企业所得税	按当期所得额及预售收入利润率不低于 15% 的比例计算出预计营业利润额的 25% 的所得税率计算缴纳
	土地增值税	采用先预缴，再清算的原则。按 1%～3% 分类预征
	个人所得税	企业职工工资薪金所得，按 3%～45% 的超额累进税率计算缴纳
	印花税	按商品房购销合同金额的 $\frac{3}{10\,000}$ 缴纳

阶段	涉及主要税费	税 率
使用阶段	房产税	按房产（自建自用）计税余值的1.2%缴纳；按房屋（自建出租）出租租金收入的12%缴纳
	增值税	一般纳税人按房屋租金收入的9%缴纳或5%
	土地使用税	按使用房产实际占用面积和定额税率计算缴纳
	印花税	按房屋出租合同租金金额的$\frac{1}{1\,000}$缴纳
	企业所得税	按应纳税所得额适用税率缴纳
	个人所得税	企业职工工资薪金所得，按3%~45%的超额累进税率计算缴纳
物业管理阶段	增值税	一般纳税人按物业管理服务费收入6%缴纳
	城市维护建设税	按缴纳增值税税额的1%~7%缴纳
	教育费附加	按缴纳增值税税额的3%缴纳
	地方教育费附加	按建缴纳增值税税税额的2%缴纳
	企业所得税	按应纳税所得额的适用税率缴纳
	个人所得税	企业职工工资薪金所得，按3%~45%的超额累进税率计算缴纳

1.2.5 会计科目的设置

除了设置一般的常用科目外，根据《企业会计准则》的规定，在不影响对外提供统一财务会计报告的前提下，企业可以根据实际情况自行增设某些会计科目。房地产开发企业可以增设以下专门核算房地产开发的会计科目：开发成本、开发间接费用、开发产品、出租开发产品、周转房等成本科目。房地产会计科目设置见表1-3。

表1-3 房地产会计科目设置

科目代码	一级科目	二级科目	三级科目	明细科目设置原则
1001	库存现金			涉及外币核算的，在"科目设置"中选择"外币核算"选项

科目代码	一级科目	二级科目	三级科目	明细科目设置原则
1002	银行存款			涉及外币核算的，在"科目设置"中选择"外币核算"选项
1012	其他货币资金			
1012-01	其他货币资金	外埠存款		
1012-02	其他货币资金	银行汇票		
1012-03	其他货币资金	银行本票		
1012-04	其他货币资金	信用卡		
1012-05	其他货币资金	存出投资款		
1012-06	其他货币资金	保证金		
1101	交易性金融资产			按"成本""公允价值变动"设置明细科目
1101-01	交易性金融资产	成本		
1101-02	交易性金融资产	公允价值变动		
1121	应收票据			按票据类型设置明细
1121-01	应收票据	银行承兑汇票		
1121-01-01	应收票据	银行承兑汇票	已背书未到期票据	
1121-01-02	应收票据	银行承兑汇票	已贴现未到期票据	
1121-02	应收票据	商业承兑汇票		
1121-02-01	应收票据	商业承兑汇票	已背书未到期票据	
1121-02-02	应收票据	商业承兑汇票	已贴现未到期票据	
1122	应收账款			按应收账款性质设置二级明细
1122-01	应收账款	工程款		按不同项目类型的工程款项设置三级明细

科目代码	一级科目	二级科目	三级科目	明细科目设置原则
1122-01-01	应收账款	工程款	铁路	
1122-01-02	应收账款	工程款	公路	
1122-01-03	应收账款	工程款	市政	
1122-01-04	应收账款	工程款	房屋建筑	
1122-02	应收账款	质量保证金		
1122-02-01	应收账款	质量保证金		
1122-02-01-01	应收账款	质量保证金	铁路	
1122-02-01-02	应收账款	质量保证金	公路	
1122-02-01-03	应收账款	质量保证金	房屋建筑	
1122-02-01-04	应收账款	质量保证金	其他基建	
1122-03	应收账款	劳务款		
1123	预付账款			
1123-01	预付账款	租赁		
1124*	合同资产			
1124-01	合同资产	工程款		
1124-02	合同资产	材料款		
1124-02-01	合同资产	材料款	工程施工原材料款	
1124-02-02	合同资产	材料款	物资采购款	
1124-03	合同资产	劳务费		
1131	应收股利			
1132	应收利息			根据金融工具的类别设置二级明细

---

* 因《企业会计准则第 14 号——收入（应用指南 2018）》中，未给出科目代码，故企业可根据需要，自行设置。

科目代码	一级科目	二级科目	三级科目	明细科目设置原则
1133	内部往来			
1221	其他应收款			按照往来款的性质设置二级明细
1221-01	其他应收款	备用金		
1221-02	其他应收款	保证金		
1221-02-01	其他应收款	保证金	履约保证金	
1221-02-02	其他应收款	保证金	投标保证金	
1221-02-03	其他应收款	保证金	民工工资保证金	
1221-02-04	其他应收款	保证金	其他	
1221-03	其他应收款	预付款项转入		
1221-04	其他应收款	应收租金		
1221-05	其他应收款	应收押金		
1221-06	其他应收款	应收代缴税金		
1221-07	其他应收款	其他		
1231	坏账准备			
1231-01	坏账准备	应收账款		
1231-02	坏账准备	其他应收款		
1231-03	坏账准备	预付款项		
1231-04	坏账准备	长期应收款		
1231-05	坏账准备	应收股利		
1231-06	坏账准备	应收利息		
1401	材料采购			可按照材料类别设置二级明细
1402	在途物资			可按照材料类别设置二级明细
1403	原材料			可按照材料类别设置二级明细
1403-01	原材料	主要材料		
1403-02	原材料	辅助材料		

科目代码	一级科目	二级科目	三级科目	明细科目设置原则
1403-03	原材料	外购半成品		
1403-04	原材料	修理用备件		
1403-05	原材料	包装材料		
1403-06	原材料	其他		
1410	开发产品			
1411	周转材料			按照"在库""在用""摊销"设置二级明细
1411-01	周转材料	在库		
1411-02	周转材料	在用		
1411-03	周转材料	摊销		
1471	存货跌价准备			根据存货性质设置二级明细
1471-01	存货跌价准备	原材料		
1471-01-01	存货跌价准备	原材料	主要材料	
1471-01-02	存货跌价准备	原材料	辅助材料	
1471-01-03	存货跌价准备	原材料	外购半成品	
1471-01-04	存货跌价准备	原材料	包装材料	
1471-01-05	存货跌价准备	原材料	燃料	
1471-01-06	存货跌价准备	原材料	其他	
1484	合同资产减值准备			
1501	债权投资			按照"成本""应计利息""利息调整"设置二级明细
1501-01	债权投资	成本		
1501-02	债权投资	应计利息		
1501-03	债权投资	利息调整		

科目代码	一级科目	二级科目	三级科目	明细科目设置原则
1502	债权投资减值准备			
1503	其他债权投资			按照"成本""应计利息""利息调整""公允价值变动"设置二级明细
1503-01	其他债权投资	成本		
1503-02	其他债权投资	应计利息		
1503-03	其他债权投资	利息调整		
1503-04	其他债权投资	公允价值变动		
1504	其他债权投资减值准备			
1511	长期股权投资			按照"成本法""权益法"设置二级明细
1511-01	长期股权投资	对子公司投资		
1511-02	长期股权投资	对联营企业投资		
1511-02-01	长期股权投资	对联营企业投资	成本	
1511-02-02	长期股权投资	对联营企业投资	损益调整	
1511-02-03	长期股权投资	对联营企业投资	其他权益变动	
1511-03	长期股权投资	对合营企业投资		
1511-03-01	长期股权投资	对合营企业投资	成本	
1511-03-02	长期股权投资	对合营企业投资	损益调整	
1511-03-03	长期股权投资	对合营企业投资	其他权益变动	
1512	长期股权投资减值准备			
1512-01	长期股权投资减值准备	子公司		
1512-02	长期股权投资减值准备	联营企业		

科目代码	一级科目	二级科目	三级科目	明细科目设置原则
1512-03	长期股权投资减值准备	合营企业		
1521	投资性房地产			按照投资性房地产不同类别设置二级明细
1521-01	投资性房地产	房屋建筑物		
1521-02	投资性房地产	土地使用权		
1531	长期应收款			按照应收款性质设置二级明细
1532	未实现融资收益			按照不同性质设置二级明细
1601	固定资产			按照固定资产类别设置二级明细
1601-01	固定资产	房屋及建筑物		
1601-02	固定资产	施工设备		
1601-03	固定资产	运输设备		
1601-04	固定资产	办公设备		
1601-05	固定资产	其他		
1602	累计折旧			按照固定资产类别设置二级明细
1602-01	累计折旧	房屋及建筑物		
1602-02	累计折旧	施工设备		
1602-03	累计折旧	运输设备		
1602-04	累计折旧	办公设备		
1602-05	累计折旧	其他		
1603	固定资产减值准备			按照固定资产类别设置二级明细
1603-01	固定资产减值准备	房屋及建筑物		

科目代码	一级科目	二级科目	三级科目	明细科目设置原则
1603-02	固定资产减值准备	施工设备		
1603-03	固定资产减值准备	运输设备		
1603-04	固定资产减值准备	办公设备		
1603-05	固定资产减值准备	其他		
1604	在建工程			根据在建工程性质设置二级明细
1604-01	在建工程	建筑工程		
1604-02	在建工程	安装工程		
1604-03	在建工程	待摊支出		
1604-03-01	在建工程	待摊支出	土地征用及迁移补偿费	
1604-03-02	在建工程	待摊支出	三通一平费用	
1604-03-03	在建工程	待摊支出	临时设施费	
1604-03-04	在建工程	待摊支出	招投标费	
1604-03-05	在建工程	待摊支出	税金	
1604-03-06	在建工程	待摊支出	其他	
1605	工程物资			按照工程物资性质设置二级明细
1605-01	工程物资	专用材料		
1605-02	工程物资	专用设备		
1605-03	工程物资	工器具		
1605-04	工程物资	其他		
1606	固定资产清理			
1607	在建工程减值准备			

科目代码	一级科目	二级科目	三级科目	明细科目设置原则
1701	无形资产			按照无形资产性质设置二级明细
1701-01	无形资产	专利权		
1701-02	无形资产	土地使用权		
1701-03	无形资产	其他		
1702	累计摊销			
1702-01	累计摊销	专利权		
1702-02	累计摊销	土地使用权		
1702-03	累计摊销	其他		
1703	无形资产减值准备			
1711	商誉			可按照被合并单位设置二级明细
1712	商誉减值准备			可按照被合并单位设置二级明细
1801	长期待摊费用			按照待摊费用"原值""摊销"设置二级明细
1801-01	长期待摊费用	原值		按照性质设置三级明细
1801-01-01	长期待摊费用	原值	经营租入改良支出	
1801-01-02	长期待摊费用	原值	其他	
1811	递延所得税资产			按照递延所得税资产性质设置二级明细
1811-01	递延所得税资产	可抵扣亏损		
1811-02	递延所得税资产	固定资产折旧		
1811-03	递延所得税资产	应收质保金折现		

科目代码	一级科目	二级科目	三级科目	明细科目设置原则
1811-04	递延所得税资产	子公司投资收益		
1811-05	递延所得税资产	其他		
1901	待处理财产损溢			按照待处理财产损益性质设置二级明细
1901-01	待处理财产损溢	待处理流动资产损溢		
1901-02	待处理财产损溢	待处理非流动资产损溢		
2001	短期借款			按照短期借款性质设置二级明细
2001-01	短期借款	信用借款		
2001-02	短期借款	抵押贷款		
2001-03	短期借款	质押贷款		
2001-03-01	短期借款	质押贷款	票据贴现	
2001-03-02	短期借款	质押贷款	应收账款保理	
2001-03-03	短期借款	质押贷款	其他	
2101	交易性金融负债			按照"本金""公允价值变动"设置二级明细
2201	应付票据			按照应付票据设置二级明细
2201-01	应付票据	银行承兑汇票		
2201-02	应付票据	商业承兑汇票		
2202	应付账款			按照应付账款性质设置二级明细
2202-01	应付账款	应付工程款		
2202-02	应付账款	应付质量保证金		

科目代码	一级科目	二级科目	三级科目	明细科目设置原则
2202-02-01	应付账款	应付质量保证金	原值	
2202-02-02	应付账款	应付质量保证金	折现	
2202-03	应付账款	内部结算		
2202-04	应付账款	应付材料款		
2202-05	应付账款	应付设备款		
2202-06	应付账款	应付劳务款		
2202-07	应付账款	应付租赁费		
2202-08	应付账款	其他		
2204*	合同负债			
2204-01	合同负债	工程款		
2204-02	合同负债	劳务款		
2204-03	合同负债	材料款		
2204-03-01	合同负债	材料款	工程施工原材料款	
2204-03-02	合同负债	材料款	物资采购款	
2203	预收账款			
2211	应付职工薪酬			
2211-01	应付职工薪酬	工资、奖金、津贴和补贴		
2211-02	应付职工薪酬	福利费用		
2211-02-01	应付职工薪酬	福利费用	货币性福利	
2211-02-02	应付职工薪酬	福利费用	非货币性福利	
2211-03	应付职工薪酬	社会保险		
2211-03-01	应付职工薪酬	社会保险	基本养老保险	
2211-03-02	应付职工薪酬	社会保险	补充养老保险	
2211-03-03	应付职工薪酬	社会保险	基本医疗保险	
2211-03-04	应付职工薪酬	社会保险	补充医疗保险	
2211-03-05	应付职工薪酬	社会保险	失业保险	
2211-03-06	应付职工薪酬	社会保险	工伤保险	

科目代码	一级科目	二级科目	三级科目	明细科目设置原则
2211-03-07	应付职工薪酬	社会保险	生育保险	
2211-04	应付职工薪酬	商业保险		
2211-05	应付职工薪酬	住房公积金		
2211-06	应付职工薪酬	工会经费		
2211-07	应付职工薪酬	职工教育经费		
2211-08	应付职工薪酬	劳务派遣费		
2211-09	应付职工薪酬	其他		
2221	应交税费			按照应交增值税性质设置二级明细
2221-01	应交税费	应交增值税		按照应交增值税性质设置三级明细
2221-01-01	应交税费	应交增值税	进项税额	
2221-01-02	应交税费	应交增值税	已交税金	
2221-01-03	应交税费	应交增值税	转出未交增值税	
2221-01-04	应交税费	应交增值税	转出多交增值税	
2221-01-05	应交税费	应交增值税	销项税额抵减	
2221-01-06	应交税费	应交增值税	减免税款	
2221-01-07	应交税费	应交增值税	销项税额	
2221-01-08	应交税费	应交增值税	出口退税	
2221-01-09	应交税费	应交增值税	进项税额转出	
2221-02	应交税费	未交增值税		
2221-03	应交税费	预交增值税		
2221-04	应交税费	待抵扣进项税额		
2221-05	应交税费	待认证进项税额		
2221-06	应交税费	待转销项税额		
2221-07	应交税费	增值税留抵税额		
2221-08	应交税费	简易计税		
2221-08-01	应交税费	简易计税	计税抵减	

科目代码	一级科目	二级科目	三级科目	明细科目设置原则
2221-08-02	应交税费	简易计税	预交	
2221-08-03	应交税费	简易计税	计提	
2221-08-04	应交税费	简易计税	未交	
2221-08-05	应交税费	简易计税	待转	
2221-09	应交税费	转让金融商品应交增值税		
2221-10	应交税费	代扣代交增值税		
2221-11	应交税费	应交消费税		
2221-12	应交税费	应交出口关税		
2221-13	应交税费	应交进口关税		
2221-14	应交税费	应交资源税		
2221-15	应交税费	应交企业所得税		
2221-16	应交税费	应交个人所得税		
2221-17	应交税费	应交土地增值税		
2221-18	应交税费	应交房产税		
2221-19	应交税费	应交土地使用税		
2221-20	应交税费	应交车船使用税		
2221-21	应交税费	应交城市维护建设税		
2221-22	应交税费	应交教育费附加		
2221-23	应交税费	应交地方教育附加		
2221-24	应交税费	应交地方各项基金		
2221-25	应交税费	印花税		
2231	应付利息			
2232	应付股利			可按支付股利的对象或类型设置二级明细

科目代码	一级科目	二级科目	三级科目	明细科目设置原则
2241	其他应付款			按照应付款性质设置二级明细
2241-01	其他应付款	保证金		
2241-01-01	其他应付款	保证金	履约保证金	
2241-01-02	其他应付款	保证金	投标保证金	
2241-01-03	其他应付款	保证金	民工工资保证金	
2241-01-04	其他应付款	保证金	项目安全保证金	
2241-02	其他应付款	应付租金		
2241-03	其他应付款	代扣个人社保费		
2241-03-01	其他应付款	代扣个人社保费	基本养老保险	
2241-03-02	其他应付款	代扣个人社保费	补充养老保险	
2241-03-03	其他应付款	代扣个人社保费	补充医疗保险	
2241-03-04	其他应付款	代扣个人社保费	失业保险	
2241-04	其他应付款	代扣个人住房保证金		
2241-05	其他应付款	应付押金		
2241-06	其他应付款	应付赔款		
2241-07	其他应付款	诚意金		
2241-08	其他应付款	应付暂收款		
2241-09	其他应付款	暂收单位负担社保金		按照社保金性质设置三级明细
2241-09-01	其他应付款	暂收单位负担社保金	基本养老保险	
2241-09-02	其他应付款	暂收单位负担社保金	补充养老保险	
2241-09-03	其他应付款	暂收单位负担社保金	基本医疗保险	
2241-09-04	其他应付款	暂收单位负担社保金	补充医疗保险	

科目代码	一级科目	二级科目	三级科目	明细科目设置原则
2241-09-05	其他应付款	暂收单位负担社保金	失业保险	
2241-09-06	其他应付款	暂收单位负担社保金	工伤保险	
2241-09-07	其他应付款	暂收单位负担社保金	生育保险	
2241-10	其他应付款	暂收单位负担公积金		
2401	递延收益			
2401-01	递延收益	国家拨入专门用途款项		
2401-01-01	递延收益	国家拨入专门用途款项	搬迁补偿	
2401-01-02	递延收益	国家拨入专门用途款项	其他	
2501	长期借款			按照"本金""利息调整"设置二级明细
2501-01	长期借款	本金		
2501-02	长期借款	利息调整		
2502	应付债券			按照"面值""利息调整"设置二级明细
2701	长期应付款			按照应付款性质设置二级明细
2702	未确认融资费用			
2711	专项应付款			按照款项用途设置二级明细
2801	预计负债			按预计负债事项设置二级明细
2801-01	预计负债	对外提供担保		

科目代码	一级科目	二级科目	三级科目	明细科目设置原则
2801-02	预计负债	未决诉讼		
2801-03	预计负债	亏损合同		
2801-04	预计负债	产品质量保证		
2801-05	预计负债	弃置费用		
2901	递延所得税负债			
2901-01	递延所得税负债	固定资产折旧		
2901-02	递延所得税负债	资产评估增值		
2901-03	递延所得税负债	应付质保金折现		
2901-04	递延所得税负债	公允价值调整		
2901-05	递延所得税负债	其他		
3001	内部往来			按照上下级和内部单位间往来设置二级明细
4001	实收资本（股本）			按照实收资本或股本来源设置二级明细
4002	资本公积			
4002-01	资本公积	资本（或股本）溢价		
4002-02	资本公积	其他资本公积		
4004	其他综合收益			根据性质设置二级明细
4101	盈余公积			按照盈余公积设置二级明细
4101-01	盈余公积	法定盈余公积		
4101-02	盈余公积	任意盈余公积		
4103	本年利润			
4104	利润分配			按照利润分配性质设置二级明细

科目代码	一级科目	二级科目	三级科目	明细科目设置原则
4104-01	利润分配	提取法定盈余公积		
4104-02	利润分配	提取任意盈余公积		
4104-03	利润分配	应付利润或股利		
4104-04	利润分配	提取储备金		
4104-05	利润分配	其他		
4301	专项储备			
5301	研发支出			按照研发支出性质设置二级明细
5011	开发成本			
5011-01	开发成本	土地征用及拆迁补偿费		按补偿性质设置三级明细科目
5011-02	开发成本	土地开发成本		按土地开发性质设置三级明细科目
5011-03	开发成本	前期工程费		按前期工程费性质设置三级明细科目
5011-04	开发成本	建筑安装工程费		按建筑安装工程费性质设置三级明细科目
5011-05	开发成本	基础及公共配套设施建设费		按基础及公共配套设施建设费性质设置三级明细科目
5011-06	开发成本	开发间接费用		按开发间接费用性质设置三级明细科目
6001	主营业务收入			
6051	其他业务收入			
6101	公允价值变动损益			

科目代码	一级科目	二级科目	三级科目	明细科目设置原则
6111	投资收益			按照投资收益性质设置二级科目
6211	其他收益			
6301	营业外收入			按照收入项目设置二级明细
6301-01	营业外收入	非流动资产处置利得		
6301-01-01	营业外收入	非流动资产处置利得	固定资产处置利得	
6301-01-02	营业外收入	非流动资产处置利得	无形资产处理利得	
6301-02	营业外收入	税费返还		
6301-03	营业外收入	违约金收入		
6301-04	营业外收入	负商誉		
6301-05	营业外收入	其他		
6401	主营业务成本			
6402	其他业务成本			
6403	税金及附加			
6403-01	税金及附加	消费税		
6403-02	税金及附加	城市维护建设税		
6403-03	税金及附加	资源税		
6403-04	税金及附加	教育附加费		
6403-05	税金及附加	房产税		
6403-06	税金及附加	土地使用税		
6403-07	税金及附加	车船使用税		
6403-08	税金及附加	印花税		
6601	销售费用			按照费用性质设置二级明细

科目代码	一级科目	二级科目	三级科目	明细科目设置原则
6601-01	销售费用	职工薪酬		
6601-01-01	销售费用	职工薪酬	工资	
6601-01-02	销售费用	职工薪酬	福利费	
6601-01-03	销售费用	职工薪酬	其他	
6601-02	销售费用	劳动保护费		
6601-03	销售费用	运输费		
6601-04	销售费用	广告费		
6601-05	销售费用	招投标费		
6601-06	销售费用	办公费		
6601-07	销售费用	水电费		
6601-08	销售费用	业务招待费		
6601-09	销售费用	其他		
6602	管理费用			按照费用性质设置二级明细
6602-01	管理费用	工资		
6602-01-01	管理费用	工资	社会保险	
6602-01-02	管理费用	工资	住房公积金	
6602-01-03	管理费用	工资	工会经费	
6602-01-04	管理费用	工资	职工教育经费	
6602-01-05	管理费用	工资	职工福利	
6602-01-06	管理费用	工资	辞退福利	
6602-02	管理费用	折旧费		
6602-03	管理费用	摊销费		
6602-04	管理费用	业务招待费		
6602-05	管理费用	差旅交通费		
6602-06	管理费用	会议费		
6602-07	管理费用	办公费		
6602-08	管理费用	党建工作经费		

科目代码	一级科目	二级科目	三级科目	明细科目设置原则
6602-09	管理费用	其他		
6603	财务费用			按照费用性质设置二级明细
6603-01	财务费用	利息支出		
6603-01-01	财务费用	利息支出	借款利息支出	
6603-01-02	财务费用	利息支出	应付质保金折现利息	
6603-01-03	财务费用	利息支出	短期融资券利息费用	
6603-01-04	财务费用	利息支出	票据贴现利息	
6603-01-05	财务费用	利息支出	履约保证金折现费用	
6603-01-06	财务费用	利息支出	其他	
6603-02	财务费用	利息收入		
6603-02-01	财务费用	利息收入	存款利息收入	
6603-02-02	财务费用	利息收入	应收质保折现的利息收入	
6603-03	财务费用	汇兑损益		
6603-04	财务费用	票据贴现		
6603-05	财务费用	现金折扣		
6603-06	财务费用	其他		
6606	资产处置损益			
6701	资产减值损失			
6711	营业外支出			
6711-01	营业外支出	非流动资产处置损失		
6711-01-01	营业外支出	非流动资产处置损失	固定资产处置净损失	
6711-01-02	营业外支出	非流动资产处置损失	无形资产处置净损失	

科目代码	一级科目	二级科目	三级科目	明细科目设置原则
6711-01-03	营业外支出	非流动资产处置损失	在建工程处置净损失	
6711-01-04	营业外支出	非流动资产处置损失	其他	
6711-02	营业外支出	债务重组损失		
6711-03	营业外支出	罚没支出		
6711-04	营业外支出	捐赠支出		
6711-05	营业外支出	固定资产盘亏		
6711-06	营业外支出	赔偿金		
6711-07	营业外支出	违约金		
6801	所得税费用			
6801-01	所得税费用	当期所得税费用		
6801-01-01	所得税费用	当期所得税费用	当期	
6801-01-02	所得税费用	当期所得税费用	以前年度所得税调整	
6801-02	所得税费用	递延所得税费用		
6901	以前年度损益调整			
6901-01	以前年度损益调整	一般调整事项		
6901-02	以前年度损益调整	重大会计差错		

根据《企业会计准则第 14 号——收入（应用指南 2018）》，增加"合同履约成本""合同资产""合同负债"等科目。

1. "合同履约成本"科目

"合同履约成本"科目核算企业为履行当前或预期取得的合同所发生的，应当确认为一项资产的成本。可按合同，分别"服务成本""工程施工"等进行明细核算。

按照《企业会计准则第 14 号——收入》（2017 年修订）的相关规定确认为资产的合同履约成本，应当根据合同履约成本科目的明细科目初始确认时摊销期限是否超过一年或一个正常营业周期，在"存货"或"其他非流动资产"中填列，已计提减值准备的，还应减去"合同履约成本减值准备"科目中相关的期末余额后的金额填列。

2. 合同资产

企业应当根据本企业履行履约义务与客户付款之间的关系，在资产负债表中列示合同资产或合同负债。企业拥有的、无条件（即，仅取决于时间流逝）向客户收取对价的权利应当作为应收款项单独列示。

合同资产，是指企业已向客户转让商品而有权收取对价的权利，且该权利取决于时间流逝之外的其他因素。如企业向客户销售两项可明确区分的商品，企业因已交付其中一项商品而有权收取款项，但收取该款项还取决于企业交付另一项商品的，企业应当将该收款权利作为合同资产。

3. 合同负债

合同负债是指企业已收或应收客户对价而应向客户转让商品的义务。如果企业尚未将商品转让给客户，但客户已支付了对价或者企业已经拥有一项无条件的收取对价金额的权利，则企业应当在客户付款或付款到期时，将向客户转让商品的合同义务列报为一项合同负债。

第 2 章
土地征用及拆迁补偿费的账务处理

　　房地产开发企业开发的土地，按用途分为两种：一种是为了转让、出租而开发的商品性土地（也叫商品性建设场地）；另一种是为开发商品房、出租房等房屋而开发的自用土地。前者是企业的最终开发产品，其费用支出单独构成土地的开发成本；而后者则是企业的中间开发产品，其费用支出应计入商品房、出租房等有关房屋开发成本。

2.1 土地出让形式与土地出让金

国有土地出让是指国家以土地所有者的身份将土地使用权在一定年限内让与土地使用者，并由土地使用者向国家支付土地使用权出让金的行为。

2.1.1 城市用地类别及范围

根据《城市用地分类与规划建设用地标准（GB 50137—2011）》规定，城乡用地是指城市和县人民政府所在地镇内的居住用地、公共管理与公共服务用地、商业服务业设施用地、工业用地、物流仓储用地、交通设施用地、公用设施用地、绿地。

城市用地类别及范围见表 2-1。

表 2-1　城市用地类别及范围

代　　号	类别名称	范　　围
R	居住用地	居住小区，居住街坊、居住组团和单位生活区等各种类型的成片或零星的用地
A	公共管理与服务用地	行政、文化、教育、体育、卫生等机构和设施用地，不包括居住用地中的服务设施用地
M	工业用地	工矿企业的生产车间、库房及其附属设施等用地。包括专用的铁路、码头和道路等用地，不包括露天矿用地，该用地应归入水域和其他用地
W	物流仓储用地	仓储企业的库房、堆场和包装加工车间及其附属设施等用地

代　号	类别名称	范　围
S	道路与交通设施用地	铁路、公路、管道运输、港口和机场等城市对外交通运输及其附属设施等用地；市级、区级和居住区级的道路、广场和停车场等用地
U	公用设施用地	市级、区级和居住区级的市政公用设施用地，包括其建筑物、构筑物及管理维修设施等用地
G	绿地和广场用地	市级、区级和居住区级的公共绿地及生产防护绿地，不包括专用绿地、园地和林地
E	水域和其他用地	除以上各大类用地之外的用地

国有土地使用权出让年限见表 2-2。

表 2-2　国有土地使用权出让年限

类　别	年　限
居住用地	70 年
工业用地	50 年
教育、科技、文化卫生、体育用地	50 年
综合或其他用地	50 年
商业、旅游、娱乐用地	40 年

2.1.2　土地出让形式

土地出让是指土地使用权获得者取得用地的一种方式，同时也是土地资产处置的一种方式，通过土地市场出让方式有招标、拍卖、挂牌、协议出让四种形式。

1. 招标

招标是指土地所有者（出让人）向多方土地使用者（投标者）发出投标邀请，通过各投标者设计标书的竞争，来确定土地使用权受让人的方式。对能够最大限度地满足招标文件中规定的各项综合评价标准，或者能够满足招标文件的实质性要求且价格最高的投标人，应当确定为中标人。招标流程如下。

2. 拍卖

拍卖是指按照指定时间、地点，在公开场所出让方用叫价的方法将土地使用权拍卖给出价最高者（竞买人）。

拍卖流程如下：

（1）主持人点算竞买人；

（2）主持人介绍拍卖宗地的位置、面积、用途、使用年期、规划要求和其他有关事项；

（3）主持人宣布起叫价和增价规则及增价幅度。没有底价的，应当明确提示；

（4）主持人报出起叫价；

（5）竞买人举牌应价或者报价；

（6）主持人确认该应价后继续竞价；

（7）主持人连续三次宣布同一应价而没有再应价的，主持人落槌表示拍卖成交；

（8）主持人宣布最高应价者为竞得人。

3. 挂牌

出让人发布挂牌公告，按公告规定的期限将拟定出让宗地的交易条件在指定的土地交易所挂牌公告，接受竞买人的报价并更新挂牌价格，根据挂牌期限截止时的出让结果确定土地使用者。

挂牌流程如下。

出让人		竞买人		出让人		确定竞得人
宗地信息挂牌公布	⇒	报价	⇒	更新挂牌价格，接受新价格	⇒	挂牌截止日

挂牌期限届满，按照下列规定确定是否成交：

（1）在挂牌期限内只有一个竞买人报价，且报价高于底价，并符合其他条件的，挂牌成交；

（2）在挂牌期限内有两个或者两个以上的竞买人报价的，出价最高者为竞得人；报价相同的，先提交报价单者为竞得人，但报价低于底价者除外；

（3）在挂牌期限内无应价者或者竞买人的报价均低于底价或均不符合其他条件的，挂牌不成交。

在挂牌期限截止时仍有两个或者两个以上的竞买人要求报价的，出让人应当对挂牌宗地进行现场竞价，出价最高者为竞得人。

4. 协议出让

协议指政府作为土地所有者（出让方）与选定的受让方磋商用地条件及价款，达成协议并签订土地使用权出让合同，有偿出让土地使用权的行为。

除了以上四种方式之外，还有一种土地出让方式是划拨。划拨指县级以上人民政府依法批准，在用地者缴纳补偿、安置等费用后将该幅土地交其使用，或者将土地无偿交给土地使用者的行为。

出让方式的适用范围，见表 2-3。

表 2-3　出让方式的适用范围

出让方式				划拨方式
招标、拍卖、挂牌		协议		
1	经营性用地以（商业、旅游、商品住宅等）及有竞争要求的工业用地	1	经营性用地以外用途的土地，同一宗地只有一个意向用地者的	1	国家机关、军事用地

	出让方式				划拨方式
	招标、拍卖、挂牌		协议		
2	同一宗地有两个或者两个以上意向用地者	2	原划拨、承租土地使用权人申请协议出让	2	城市基础设施、公益事业用地
3	划拨土地使用权改变用途或转让，收回土地使用权，实行招拍挂出让的	3	划拨土地使用权转让申请办理协议出让	3	国家重点扶持的能源、交通等项目用地
4	出让土地使用权改变用途	4	出让土地使用权人申请续期	4	法律法规规定的其他用地
5	法律法规规定的其他用地	5	法律法规规定的其他用地		
区别	有偿使用，需要签订合同		有偿使用，需要签订合同		少量费用（补偿、安置）或无偿
相同	有期限限制		有期限限制		一般无期限限制

2.1.3　会计科目明细设置

"开发成本"总分类科目下设置二级科目"土地征用及拆迁补偿费用"及其明细科目，列示因房地产开发而征用土地所发生的各项费用，见表2-4。

表2-4　土地征用及拆迁补偿费用

序号	总分类科目	明细科目	
5001	开发成本		
500101	开发成本	土地征用及拆迁补偿费	
50010101	开发成本	土地征用及拆迁补偿费	支付的土地出让金
50010102	开发成本	土地征用及拆迁补偿费	土地开发费
50010103	开发成本	土地征用及拆迁补偿费	向政府部门缴纳的大市政配套费
50010104	开发成本	土地征用及拆迁补偿费	缴纳的契税
50010105	开发成本	土地征用及拆迁补偿费	土地使用费
50010106	开发成本	土地征用及拆迁补偿费	耕地占用税
50010107	开发成本	土地征用及拆迁补偿费	土地变更用途和超面积补交的地价

序号	总分类科目	明细科目	
500102	开发成本		
50010201	开发成本	合作款项	补偿合作方地价
50010202	开发成本	合作款项	合作项目建房转入分给合作方房屋成本
50010203	开发成本	合作款项	相应税金
500103	开发成本	红线外市政设施费	
50010301	开发成本	红线外市政设施费	红线外道路
50010302	开发成本	红线外市政设施费	水、电、气、通信
50010303	开发成本	红线外市政设施费	管线铺设费
50010304	开发成本	红线外市政设施费	接口补偿费
500104	开发成本	拆迁补偿费	拆迁补偿净支出
50010401	开发成本	拆迁补偿费	安置及动迁支出
50010402	开发成本	拆迁补偿费	农作物补偿费
50010403	开发成本	拆迁补偿费	危房补偿费
500105	开发成本	其他	
50010501	开发成本	其他	土地拍卖手续费
50010502	开发成本	其他	佣金
50010503	开发成本	其他	其他

2.1.4　土地出让金

土地出让金，是指各级政府部门将出让给土地使用者，按规定向受让人收取的全部价款（指土地出让的交易总额），或土地使用期满，土地使用者需要续期而向土地管理部门缴纳的续期土地出让价款，或原通过行政划拨获得土地使用权的土地使用者，将土地使用权有偿转让、出租、抵押、作价入股和投资，按规定补交的土地出让价款。

土地出让金又可分为地面价与楼面价两种计算方法，地面价为每平方米土地的单价，即以出让金总额除以土地总面积；楼面价分摊到每平方米建筑面积的地价，即以出让金总额除以规划允许建造的总建筑面积。一般认为建高层可分摊地价，实际上并非如此，因为土地出让金是按建筑面积计收的。

土地出让金不是简单的地价。对于住宅等项目，采用招标、拍卖的方式，可通过市场定价，土地出让金就是地价。但对于经济适用房、廉租房、配套房等项目，以及开发园区等工业项目，往往不是完全依靠市场调节，土地出让金就带有税费的性质。

土地出让金的征收标准是由各省（市、自治区、直辖市）依据当地土地价值确定征收标准。一般依据房产所在地区参考价、房产使用剩余年限、房产的性质不同确定征收系数。

经常使用的计算出让金的方式：

（1）土地出让金＝房屋参考价格×房产证上的建筑面积×征收系数

（2）土地出让金＝基准地价×分摊土地面积×征收系数

土地出让金计算方法，有以下几点。

（1）有实际成交价的，且不低于所在级别基准地价平均标准的，按成交价不低于40％的标准计算出让金，若成交价低于基准地价平均标准的，则依照全部地价的40％计算。

（2）发生转让的划拨土地使用权补办出让时，按基准地价平均标准的40％计算。

（3）通过以上方式计算的土地出让金数额，土地使用权受让人有异议的，由受让人委托有资质的土地估价机构进行评估，按评估价的40％计算土地出让金。

（4）划拨土地使用权成本价格占土地价格的最高比例不得高于60％，在以划拨土地使用权价格计算出让金时，必须将成本价格换算成市场土地价格，再按不低于40％的标准计算土地出让金。

2.2 取得土地使用权的核算

企业取得土地使用的方式有以下几种：一是通过竞拍取得土地使用权；二是接受投资取得土地使用权；三是在建项目收购；四是自用土地使用权。

2.2.1 通过"招、拍、挂"取得土地使用权

"招、拍、挂"取得土地和以收购方式取得土地。会计核算账务处理，见

表 2-5。

表 2-5　取得土地使用权时的会计处理

情形	核算时点	核算依据	账务处理
支付定金	支付土地"招拍挂"定金时	银行付款单、收据	借：其他应收款——土地"招、拍、挂"定金 贷：银行存款
完成移交时	按签订土地出让合同约定，完成移交时	完税证明土地出让合同、契税	借：开发成本——土地开发成本——土地出让金/契税 贷：银行存款/应付账款/其他应收款
以收购方式取得土地	资产收购协议约定的资产组所有权转移时点/工商变更时或达到企业合并时	收购净资产的成本在收购资产组内单项可辨认资产和负债间按其在购买日的相对公允价值　分配表/股权收购协议约定的收购对价支付单据或支付对价的公允价值评估报告	借：长期股权投资 贷：银行存款/其他应付款

相关政策

　　根据《国有土地使用权出让合同》（GF-2000-2601）规定，受让人与出让人签订土地使用权出让合同，可以约定在限期内一次性付清土地使用权出让金，也可以约定在分期期限内分期支付土地出让金，分期支付土地出让金的，应当向出让人支付相应的利息。受让人不能按约定的期限支付土地出让金的，自滞纳之日起，向出让人缴纳滞纳金。对土地受让人因分期支付土地出让金而支付给出让人的利息，应计入契税计税依据，一次性征收契税。对土地受让人因迟延支付土地出让金而向出让人缴纳的滞纳金（或违约金），不计入契税计税依据征收契税。

1. 支付土地出让金

【**例 2-1**】2×21 年 1 月 12 日，中盛恒通房地产有限公司中标 1 宗惠城区亚东路 B112-23 地块，支付定金 5 亿元。表 2-6 为国有土地使用权出让合同

（部分）。

2×21年7月12日，支付土地出让金50亿元。

借：开发成本——土地征用及拆迁补偿费——土地出让金（B112-23）

5 000 000 000

    贷：银行存款   5 000 000 000

表 2-6　国有土地使用权出让合同（部分）

第一章　总则

第一条　本合同当事人双方。

出让人：中华人民共和国省（自治区、直辖市）市（县）：××市国土资源管理局

受让人：中盛恒通房地产有限公司

根据《中华人民共和国土地管理法》《中华人民共和国城市房地产管理法》《中华人民共和国民法典》和其他法律、行政法规、地方性法规，双方本着平等、自愿、有偿、诚实信用的原则，订立本合同。

第二条　出让人根据法律的授权出让土地使用权，出让土地的所有权属中华人民共和国。国家对其拥有宪法和法律授予的司法管辖权、行政管理权以及其他按中华人民共和国法律规定由国家行使的权力和因社会公众利益所必需的权益。地下资源、埋藏物和市政公用设施均不属于土地使用权出让范围。

第二章　出让土地的交付与出让金的缴纳。

第三条　出让人出让给受让人的宗地位于惠城区亚东路，宗地编号为B112-23，宗地总面积大写伍拾万平方米（小写500 000平方米）。

第四条　本合同项下出让宗地的用途为商品房住宅。

第五条　出让人同意在2×21年1月30日前将出让宗地交付给受让人。

第六条　本合同项下的土地使用权出让年期为70年，自出让方向受让方实际交付土地之日起算，原划拨土地使用权补办出让手续的，出让年期自合同签订之日起算。

第七条　本合同项下宗地的土地使用权出让金为每平方米人民币大写伍仟元整（小写5 000元）；总额为人民币大写贰拾伍亿元（小写2 500 000 000元）。

第八条　本合同经双方签字后10日内，受让人须向出让人缴付人民币大写伍亿元（小写500 000 000元）作为履行合同的定金，定金抵作土地使用权出让金。

第九条　受让人同意按照本条第（一）款的规定向出让人支付上述土地使用权出让金。

（一）本合同签订之日起180日内，一次性付清上述土地使用权出让金。

（二）按以下时间和金额分期向出让人支付上述土地使用权出让金。

第一期人民币大写元（小写元），付款时间：__年__月__日之前。

第二期人民币大写元（小写元），付款时间：__年__月__日之前。

第三期人民币大写元（小写元），付款时间：__年__月__日之前。

第四期人民币大写元（小写元），付款时间：__年__月__日之前。

分期支付土地出让金的，受让人在支付第二期及以后各期土地出让金时，应按照银行同期贷款利率向出让人支付相应的利息。

……

出让人（章）：<u>××市国土资源管理局</u>

住所：××东阳区解放路 33 号

法定代表人（委托代理人）（签字）：

开户银行：惠州市农业银行广丰支行

账号：43245477932974

日期：2×21 年 1 月 12 日

受让人（章）：<u>中盛恒通房地产有限公司</u>

住所：××惠城区栅栏街 43 号

法定代表人（委托代理人）（签字）：××

开户银行：惠州市工商银行兴盛街支行

账号：9432795357532

日期：2×21 年 1 月 12 日

2. 支付契税

【例 2-2】接【例 2-1】，签订《国有土地使用权出让合同》，完成移交时，支付契税 0.75 亿元。

借：开发成本——土地开发成本——土地出让金——契税

75 000 000

贷：银行存款 75 000 000

相关政策

《财政部 国家税务总局关于国有土地使用权出让等有关契税问题的通知》（财税〔2004〕134 号）

一、出让国有土地使用权的，其契税计税价格为承受人为取得该土地使用权而支付的全部经济利益。

（一）以协议方式出让的，其契税计税价格为成交价格。成交价格包括土地出让金、土地补偿费、安置补助费、地上附着物和青苗补偿费、拆迁补偿费、市政建设配套费等承受者应支付的货币、实物、无形资产及其他经济利益。

没有成交价格或者成交价格明显偏低的，征收机关可依次按下列两种方式确定：

1. 评估价格

由政府批准设立的房地产评估机构根据相同地段、同类房地产进行综合评定，并经当地税务机关确认的价格。

2. 土地基准地价

由县以上人民政府公示的土地基准地价。根据《中华人民共和国契税暂行条例》中相关规定：在中华人民共和国境内出让国有土地使用权、土地使用权转让，包括出售、赠予和交换等土地、房屋权属转让行为，承受的单位和个人为契税的纳税人，应当缴纳契税。

以竞价方式出让的，其契税计税价格，一般应确定为竞价的成交价格，土地出让金、市政建设配套费以及各种补偿费用应包括在内。

......

3. 支付耕地占用税

房地产开发企业为取得土地使用权所发生的直接相关费用支出，应该作为土地成本的组成部分，记入"土地征用及拆迁补偿费"科目，不通过"应交税费"科目核算。

【例2-3】假设中盛恒通房地产有限公司取得惠城区亚东路B112-23F地块，实际占用50万平方米，当地规定每平方米税额为25元。

本年应交耕地占用税＝500 000×25＝12 500 000（元）

借：开发成本——土地征用及拆迁补偿费——耕地占用税

　　　　　　　　　　　　　　　　　　　12 500 000

　　贷：银行存款　　　　　　　　　　　12 500 000

4. 支付印花税

【例2-4】2×21年8月，中盛恒通房地产有限公司财务部支付土地出让金印花税25万元。

借：税金及附加——印花税　　　　　　　250 000

　　贷：银行存款　　　　　　　　　　　250 000

"税金及附加"科目核算内容：消费税、城市维护建设税、资源税、教育费附加及房产税、土地使用税、车船使用税、印花税等相关税费。

按照《中华人民共和国印花税暂行条例》及其实施细则以及相关文件的规定，从 2006 年 12 月 27 日起，纳税人签订《国有土地出让合同》支付土地出让金应按照"产权转移书据"税目、万分之五的税率征收印花税。根据《财政部 国家税务总局关于印花税若干政策的通知》（财税〔2006〕162 号）规定："对土地使用权出让合同、土地使用权转让合同按产权转移书据征收印花税"。因此，土地改变性质补缴的土地出让金合同，应按规定补缴印花税。

5. 支付城镇土地使用税

【例 2-5】2×22 年 8 月，中盛恒通房地产有限公司财务部支付土地使用税，当地土地使用税税率为 10 元/米²。

2×22 年应交土地使用税＝500 000×3÷12×5＝625 000（元）

借：开发成本——土地征用及拆迁补偿费——土地出让金（城镇土地使用税） 625 000

　　贷：银行存款 625 000

相关政策

城镇土地使用税和耕地占用税不同之处在于，耕地占用税是在全国范围内，就改变耕地用途的行为在土地取得环节一次性征收的税种；而城镇土地使用税是在城市、县城、建制镇和工矿区范围内，在土地的持有和使用环节征收的一种税，按年计算，分期缴纳。因此，占用耕地的纳税人在缴纳耕地占用税以后，在土地持有和使用过程中仍要缴纳城镇土地使用税。但是在占用耕地的当年，纳税人已经支付了较高的耕地占用税，因此，《中华人民共和国城镇土地使用税暂行条例》将其缴纳城镇土地使用税的纳税义务发生时间设置为批准征用耕地的 1 年以后。

2.2.2　接受投资取得土地使用权

房地产企业接受出资的土地使用权只能是出让土地的使用权，而不能是划拨土地的使用权。房地产企业接受投资者投入土地使用权，按投资合同或协议约定的价值，借记"开发成本——土地征用及拆迁补偿费"科目，贷记"实收资本""资本公积"等科目。

【例 2-6】远大房地产公司成立于 2×21 年，注册资本 2 000 万元。同年，丰润商贸有限公司将其拥有的位于城郊 10 万平方米的土地使用权投资远大房地产公司，根据协议规定，该地块评估价格为 1 000 万元，远大增资 800 万元，200 万元作为资本公积。

（1）远大房地产公司接受投资时，依据土地评估报告和投资协议，会计处理如下。

借：开发成本——土地征用及拆迁补偿费——土地转让费

10 000 000

贷：实收资本 8 000 000

资本公积 2 000 000

（2）计算缴纳契税，契税税率 3%。

应缴纳契税＝10 000 000×3%＝300 000（元）

借：开发成本——土地征用及拆迁补偿费——契税　300 000

贷：银行存款 300 000

2.2.3　在建项目收购的核算

在建项目收购有两种模式。

（1）通过收购其他公司股权获取该公司开发的在建项目。根据《城市房地产管理法》（2019 年 8 月 26 日第十三届全国人民代表大会常务委员会第十二次会议修正）的规定：以出让方式取得土地使用权的，转让房地产时，应当符合下列条件：

（2）按照出让合同约定已经支付全部土地使用权出让金，并取得土地使用权证书；

（3）按照出让合同约定进行投资开发，属于房屋建设工程的，完成开发投资总额的 25% 以上，属于成片开发土地的，形成工业用地或者其他建设用地条件。

通过股权收购获得开发项目，一般为非同一控制下的收购。非同一控制下企业合并形成的长期股权投资按照《企业会计准则第 2 号——长期股权投资》，对子公司投资应按购买方付出的资产、发生或承担的负债、发行的权益性证券的公允价值以及企业合并过程中发生的各项直接相关费用之和，作为其初始投资成本。

企业外购的房屋、建筑物支付的价款，应当在地上建筑物与土地使用权之间进行分配，难以分配的，应当全部作为固定资产。房地产开发企业取得土地用于建造对外出售的房屋建筑物，相关的土地使用权应当计入所建造的房屋、建筑物成本。

①在办理股权变更时，依据股权转让协议和付款凭证进行会计处理。

借：长期股权投资

　　贷：银行存款

②依据项目转让协议和付款凭证进行会计处理。

借：开发成本——土地征用及拆迁补偿费——土地转让费

　　贷：银行存款

借：开发成本——土地征用及拆迁补偿费——契税

　　贷：银行存款

【例 2-7】远大房地产有限公司开发月季园项目，土地通过招拍，购入价格为 3 400 万元，契税为 102 万元，发生土地开发费用 800 万元。2×21 年 3 月，远大房地产有限公司将该项目转让给鑫隆有限公司，采用项目转让方式，转让价格 6 900 万元，契税 207 万元。

鑫隆有限公司依据项目转让协议和付款凭证进行会计处理。

借：开发成本——土地征用及拆迁补偿费——土地转让费

69 000 000

　　　　贷：银行存款　　　　　　　　　　　　　　　　69 000 000

　　借：开发成本——土地征用及拆迁补偿费——契税 2 070 000

　　　　贷：银行存款　　　　　　　　　　　　　　　　2 070 000

2.2.4　自用土地使用权的核算

　　企业依法取得土地使用权，在会计上一般将其列入"无形资产—土地使用权"科目，按照无形资产的有关规定计价、摊销。根据《企业会计制度》的规定，实行国有土地使用权有偿使用后，企业为新建办公楼等而获得土地使用权，所支付的土地出让金，在"无形资产"科目核算；企业为房地产开发而获得的土地使用权，所支付的土地出让金，在"开发成本"科目核算。

　　【例2-8】2×20年1月1日，宏大房地产有限公司通过竞拍取得一块土地使用权，用于建造办公大楼。按出让合同规定，该土地使用权总价款为960万元，1月14日支付土地出让金，契税28.80万元，土地使用权年限50年。2×20年12月，办公大楼竣工，发生工程费用580万元（不含税额）。验收合格后，办公大楼使用年限为40年，无残值。

　　（1）支付土地出让金时，依据财政部门开具专用收据和付款凭证进行处理。

　　借：无形资产——土地使用权　　　　　　　　　　9 600 000

　　　　贷：银行存款　　　　　　　　　　　　　　　　9 600 000

　　（2）缴纳契税时。

　　借：无形资产——土地使用权——契税　　　　　　 288 000

　　　　贷：银行存款　　　　　　　　　　　　　　　　 288 000

　　（3）缴纳印花税。960×0.5‰＝0.48（万元）

　　借：税金及附加　　　　　　　　　　　　　　　　　4 800

　　　　贷：银行存款　　　　　　　　　　　　　　　　　4 800

　　（4）发生建筑成本时，依据发票与付款合同、协议进行会计处理。

　　借：在建工程——办公楼　　　　　　　　　　　　5 800 000

贷：银行存款　　　　　　　　　　　　　　　　　5 800 000

（5）2×21年5月，办公大楼竣工。

借：固定资产——办公楼　　　　　　　　　　　　5 800 000

　　　贷：在建工程——办公楼　　　　　　　　　　　5 800 000

（6）计提土地使用权累计摊销。

土地使用权总成本＝9 600 000＋288 000＝9 888 000（元）

每年计提土地使用权累计摊销＝9 888 000÷50＝197 760（元）

借：管理费用——无形资产摊销——土地使用权　　197 760

　　　贷：累计摊销　　　　　　　　　　　　　　　　197 760

（7）计提办公楼累计折旧。

每年计提办公楼累计折旧＝5 800 000÷40＝145 000（元）

借：管理费用——办公楼折旧　　　　　　　　　　145 000

　　　贷：累计折旧　　　　　　　　　　　　　　　　145 000

2.3　拆迁补偿费的核算

　　拆迁补偿根据房屋用途可以分为住宅房屋拆迁补偿和非住宅房屋拆迁补偿两种，具体包括货币补偿、产权置换补偿和两者相结合的补偿方式。

2.3.1　货币补偿

　　货币补偿是通过不同的法定依据，由专业评估机构对被拆迁房屋进行估价：一是市场评估价格；二是商品房交易均价；三是重置价格。

1. 市场评估价格

　　市场评估价格是指被拆迁房屋的市场价格，是由符合规定的专业估价机构，按照估价程序，选用适宜的估价方法，并在综合分析影响房地产价格因素的基础上，对房地产在估价时点的客观合理价格或价值进行估算和判定。

2. 商品房交易均价

　　商品房交易均价是指同区域、同类型普通住宅商品房交易平均价格，由相关部门每季度定期汇总测定并公布。

3. 重置价格

重置价格是指由估价机构采用估价时点的建筑材料和建筑技术，按估价时点的价格水平，判定重新建造与估价对象具有同等功能效用的全新状态的建筑物的正常价格。

房地产开发企业根据相关评估资料，向被拆迁户支付的货币化补偿作为拆迁补偿费，按开发项目计入开发直接成本：

借：开发成本——拆迁补偿费

    贷：银行存款

【例 2-9】远大房地产有限公司取得郴州市旧城区阳光小镇拆迁项目，共支付拆迁费用 1 780 万元。

根据政府拆迁文件、补偿文件、付款证明等，进行会计处理。

借：开发成本——阳光小镇——拆迁补偿费　　　17 800 000

    贷：银行存款　　　　　　　　　　　　　　　17 800 000

企业拆迁补偿费支出，据实计入开发成本，在结转房屋销售成本时，在企业所得税和土地增值税前扣除。

2.3.2　产权置换补偿

产权置换也被称作产权调换，分为以下两种形式：

1. 异地安置

异地安置是指由于开发商项目不涉及住宅或由于该地块容积率原因，不能进行回迁安置，只能选择在其他地块上新建安置房，再通过产权的增减，尽量以等价价值做到产权置换。

2. 回迁安置

回迁安置是指开发商拆迁重建项目能够完成回迁安置，通过产权置换比例完成回迁安置。

企业对产权置换的会计处理：一方面对换出的房屋应视同销售；另一方

面，以换出房屋的售价作为下一步开发产品的开发成本中的土地征用及拆迁补偿费。

【例2-10】远大房地产公司开发福恒城中村改造项目，该项目占地5 000平方米，住宅建筑面积25 000平方米。其中，用于安置回迁户村民的住宅面积为5 000平方米，其余200 000平方米住宅由开发商销售。2×21年3月项目竣工，5月清盘。取得销售收入8 720万元，平均销售单价3 488元。

该公司竣工决算成本包括开发成本5 450万元，其中土地征用费（不包括拆迁补偿费）1 200万元，前期工程费400万元，建筑安装工程费1 100万元，基础设施费1 800万元，公共配套设施费260万元，开发间接费用690万元。

拆迁补偿费支出＝3 488×5 000＝17 440 000（元）

项目土地成本＝17 440 000＋12 000 000＝29 440 000（元）

销售收入＝87 200 000＋17 440 000＝104 640 000（元）

单位可销售面积计税成本＝（54 500 000＋17 440 000）÷25 000＝2 877.60（元/平方米）

补偿安置房销售成本＝5 000×2 877.60＝14 388 000（元）

整个项目销售成本＝14 388 000＋2 877.60×20 000＝71 940 000（元）

（1）房屋竣工时，按安置时同期同类房屋价格。

借：开发成本——土地征用及拆迁补偿费——拆迁补偿费

                17 440 000

  贷：应付账款——拆迁补偿费   17 440 000

借：应付账款——拆迁补偿费   17 440 000

  贷：主营业务收入   17 440 000

（2）结转拆迁安置房成本会计处理。

借：主营业务成本   14 388 000

  贷：开发产品   14 388 000

1. 增值税

房地产开发企业拆迁补偿实行产权调换方式（即"拆一还一"），属于开发产品抵偿债务的行为，视同销售，应申报缴纳增值税。

2. 土地增值税

拆迁补偿费作为房地产开发成本，属于土地增值税清算扣除项目。

第 3 章
前期工程费用的账务处理

　　房地产开发项目前期工程费指在取得土地开发权之后、项目开发前期的筹建、规划、设计、可行性研究、水文地质勘察、测绘、"三通一平"等前期费用。

3.1　前期工程费核算范围与归集方法

前期工程费具体包括几下种。

（1）项目整体报批报建费：项目报建时按规定向政府有关部门交纳的费用。

（2）规划设计费：项目立项后的总体规划设计、单体设计费、管线设计费、改造设计费、可行性研究费（含支付社会中介服务机构的市场调研费），制图、晒图费，规划设计模型制作费，方案评审费。

（3）勘测丈量费：水文、地质、文物和地基勘察费、沉降观测费、日照测试费、拨地钉桩验线费、复线费、定线费、放线费、建筑面积丈量费等。

（4）"三通一平"费：接通红线外施工用临时给排水（含地下排水管、沟开挖铺设费用）、供电、道路（含按规定应交的占道费、道路挖掘费）等设施的设计、建造、装饰和进行场地平整发生的费用（包括开工前垃圾清运费）等。水通、电通、路通和场地平整。

（5）临时设施费：临时办公室、临时场地占用费、临时借用空地租费，以及沿红线周围设置的临时围墙、围栏等设施的设计、建造、装饰等费用。

（6）预算编制、审查费：支付社会中介服务机构受聘为项目编制或审查预算而发生的费用。

（7）其他：包括挡光费、危房补偿鉴定费、危房补偿鉴定技术咨询费等。

3.1.1　会计科目设置

前期工程费要计入房地产开发成本科目，具体明细科目设置，见表 3-1。

表 3-1　　　　　　　　　　　　　　前期工程费明细科目设置

序号	总分类科目	二级科目	三级科目	四级科目	五级科目
5001	开发成本				
500103	开发成本	前期工程费			
50010301	开发成本	前期工程费	勘察设计费		
5001030101	开发成本	前期工程费	勘察设计费	勘察丈量费	
500103010101	开发成本	前期工程费	勘察设计费	勘察丈量费	水文地质文物和地质勘察费
500103010102	开发成本	前期工程费	勘察设计费	勘察丈量费	沉降观测费
500103010103	开发成本	前期工程费	勘察设计费	勘察丈量费	日照测试费
500103010104	开发成本	前期工程费	勘察设计费	勘察丈量费	拔地钉桩验线费
500103010105	开发成本	前期工程费	勘察设计费	勘察丈量费	复线费
500103010106	开发成本	前期工程费	勘察设计费	勘察丈量费	定线费
500103010107	开发成本	前期工程费	勘察设计费	勘察丈量费	放线费
500103010108	开发成本	前期工程费	勘察设计费	勘察丈量费	建筑面积丈量费
5001030102	开发成本	前期工程费	勘察设计费	规划设计费	
500103010201	开发成本	前期工程费	勘察设计费	规划设计费	规划费
500103010202	开发成本	前期工程费	勘察设计费	规划设计费	设计费
500103010203	开发成本	前期工程费	勘察设计费	规划设计费	其他
50010302	开发成本	前期工程费	报建费		
5001030201	开发成本	前期工程费	报建费	报批报建费	
500103020101	开发成本	前期工程费	报建费	报批报建费	安检费
500103020102	开发成本	前期工程费	报建费	报批报建费	质检费
500103020103	开发成本	前期工程费	报建费	报批报建费	标底编制费
500103020104	开发成本	前期工程费	报建费	报批报建费	交易中心手续费
500103020105	开发成本	前期工程费	报建费	报批报建费	人防报建费
500103020106	开发成本	前期工程费	报建费	报批报建费	消防配套设施费
500103020107	开发成本	前期工程费	报建费	报批报建费	白蚁防治费
500103020108	开发成本	前期工程费	报建费	报批报建费	墙改基金
500103020109	开发成本	前期工程费	报建费	报批报建费	散装水泥专项资金
500103020110	开发成本	前期工程费	报建费	报批报建费	建筑面积丈量费
500103020111	开发成本	前期工程费	报建费	报批报建费	路口开设费

序号	总分类科目	二级科目	三级科目	四级科目	五级科目
500103020112	开发成本	前期工程费	报建费	报批报建费	规划管理费
500103020113	开发成本	前期工程费	报建费	报批报建费	拆迁管理费
500103020114	开发成本	前期工程费	报建费	报批报建费	招投标管理费
500103020115	开发成本	前期工程费	报建费	报批报建费	项目整体性报批报建费
500103020116	开发成本	前期工程费	报建费	增容费	水
500103020117	开发成本	前期工程费	报建费	增容费	电
500103020118	开发成本	前期工程费	报建费	增容费	煤气
50010303	开发成本	前期工程费	三通一平费		
500103030101	开发成本	前期工程费	三通一平费	临时道路	临时道路的设计、建造费用
500103030201	开发成本	前期工程费	三通一平费	临时用电	临时用电设计费、建造、管线铺设、改造、迁移、临时变压器安装及拆除等费用
500103030301	开发成本	前期工程费	三通一平费	临时用水	临时给排水设施的设计、建造、管线铺设、改造、迁移等费用
500103030301	开发成本	前期工程费	三通一平费	场地平整	场地清运费、旧房拆除等费用
50010304	开发成本	前期工程费	临时设施费		
500103040101	开发成本	前期工程费	临时设施费	临时围墙	包括围墙、围栏设计、建造、装饰费用
500103040201	开发成本	前期工程费	临时设施费	临时办公室费	包括租金、建造及装饰费用
500103040301	开发成本	前期工程费	临时设施费	临时场地占用费	施工用临时占道费、临时借用空地租赁费
500103040401	开发成本	前期工程费	临时设施费	临时围板	包括设计建造装饰费用

3.1.2 前期工程费的归集

能够分清成本核算对象的，直接计入前期工程费；不能分清成本核算对象的，按照一定的方法，分配计入前期工程费。

（1）能分清成本核算对象的，应直接计入有关房屋开发成本核算对象的前期工程费成本项目。

【例3-1】世通阳光房地产有限公司取得城南一宗地块开发楹枝园小区，支付前期工程费 1 278 140 元，具体明细结算见表3-2。

表 3-2 楹枝园小区工程前期费用结算表

编号	内　容	费用（元）
1	环境测评报告书编制费	24 000
2	地质勘测费	8 000
3	设计费	434 000
4	施工图审查费用	97 900
5	环境噪声污染费	12 800
6	施工用水报装费用	9 000
7	供电费	8 490
8	临时接电费	35 900
9	施工变电安装费	63 400
10	防雷设计审查费	45 650
11	场地平整费用	142 000
12	城市教育基金手续费	26 000
13	招投标费用	250 000
14	工程造价咨询费	13 200
15	合同鉴证费	1 800
16	工程质量监理费	75 000
17	燃气设计费	31 000
	合计	1 278 140

借：开发成本——住宅楼——前期工程费——环境测评报告书编制费

24 000

——前期工程费	——地质勘测费	8 000
——前期工程费	——设计费	434 000
——前期工程费	——施工图审查费用	97 900
——前期工程费	——环境噪声污染费	12 800
——前期工程费	——施工用水报装费用	9 000
——前期工程费	——供电费	8 490
——前期工程费	——临时接电费	35 900
——前期工程费	——施工变电安装费	63 400
——前期工程费	——防雷设计审查费	45 650
——前期工程费	——场地平整费用	142 000
——前期工程费	——城市教育基金手续	26 000
——前期工程费	——前期工程费招投标费用	
		250 000
——前期工程费	——工程造价咨询费	13 200
——前期工程费	——合同鉴证费	1 800
——前期工程费	——工程质量监理费	75 000
——前期工程费	——燃气设计费	31 000

  贷：应付账款   1 278 140

  备注：一般纳税人企业取得的增值税专用发票可以单独作为进项税额核算，不计入开发成本。

  （2）分不清成本核算对象的，应先将其支出进行归集，会计期末按照一定的分配标准分配给各受益对象。

  【例3-2】佳鑫盛世房地产开发有限公司有一块土地，规划分两期开发。现已支付建筑招投标费20万元，规划设计费30万元，施工图纸审查费10万元，临时道路修建费15万元，建设场地平整费24万元，防护栏费8万元。佳鑫盛世房地产开发有限公司根据有关原始凭证，会计处理如下：

  借：开发成本——前期工程费——招投标费——待分摊成本

            200 000

      ——规划设计费——待分摊成本

            300 000

      ——施工图纸审查费——待分摊成本

            100 000

　　　　　　　　　　　　——临时道路修建费——待分摊成本

　　　　　　　　　　　　　　　　　150 000

　　　　　　　　　　　　——建设场地平整费——待分摊成本

　　　　　　　　　　　　　　　　　240 000

　　　　　　　　　　　　——防护栏费——待分摊成本

　　　　　　　　　　　　　　　　　80 000

　　　贷：银行存款　　　　　　　　1 070 000

3.2　前期工程费的分配

　　如果没有特殊情况，前期工程费的分配应采用统一的分配方法（实务中以建筑面积为主），不能人为地通过分配方法的选择调节各成本对象的成本。

　　【例3-3】承上例，该项目总建筑面积5 000 m²，其中，第一期项目开发建筑面积为1 500 m²，第二期项目开发建筑面积为3 500 m²。按照建筑面积对前期工程费进行分摊如下：

　　招投标费的分摊：

　　一期项目应分摊的招投标费用=20×(1 500÷5 000)=6（万元）

　　二期项目应分摊的招投标费用=20×(3 500÷5 000)=14（万元）

　　规划设计费的分摊：

　　一期项目应分摊的规划设计费=30×(1 500÷5 000)=9（万元）

　　二期项目应分摊的规划设计费=30×(3 500÷5 000)=21（万元）

　　施工图纸审查费的分摊：

　　一期项目应分摊的施工图纸审查费=10×(1 500÷5 000)=3（万元）

　　二期项目应分摊的施工图纸审查费=10×(3 500÷5 000)=7（万元）

　　临时道路修建费的分摊

　　一期项目应分摊的临时道路修建费=15×(1 500÷5 000)=4.50（万元）

　　二期项目应分摊的临时道路修建费=15×(3 500÷5 000)=10.50（万元）

　　建设场地平整费的分摊：

　　一期项目应分摊的临时道路修建费=24×(1 500÷5 000)=7.20（万元）

　　二期项目应分摊的临时道路修建费=24×(3 500÷5 000)=16.80（万元）

　　防护栏费的分摊：

一期项目应分摊的临时道路修建费＝8×（1 500÷5 000）＝2.40（万元）

二期项目应分摊的临时道路修建费＝8×（3 500÷5 000）＝5.60（万元）

借：开发成本——前期工程费——一期项目招投标费　60 000

　　　　　　　　　　　　——二期项目招投标费 140 000

　　　　　　　　　　　　——一期项目规划设计费

　　　　　　　　　　　　　　　　90 000

　　　　　　　　　　　　——二期项目规划设计费

　　　　　　　　　　　　　　　　210 000

　　　　　　　　　　　　——一期项目施工图纸审查费

　　　　　　　　　　　　　　　　30 000

　　　　　　　　　　　　——二期项目施工图纸审查费

　　　　　　　　　　　　　　　　70 000

　　　　　　　　　　　　——一期项目临时道路修建费

　　　　　　　　　　　　　　　　45 000

　　　　　　　　　　　　——二期项目临时道路修建费

　　　　　　　　　　　　　　　　105 000

　　　　　　　　　　　　——一期项目建设场地平整费

　　　　　　　　　　　　　　　　72 000

　　　　　　　　　　　　——二期项目建设场地平整费

　　　　　　　　　　　　　　　　168 000

　　　　　　　　　　　　——一期项目防护栏费　24 000

　　　　　　　　　　　　——二期项目防护栏费　56 000

　　贷：开发成本——前期工程费——招投标费——待分摊成本

　　　　　　　　　　　　　　　　200 000

　　　　　　　　　　——规划设计费——待分摊成本

　　　　　　　　　　　　　　　　300 000

　　　　　　　　　　——施工图纸审查费——待分摊成本

　　　　　　　　　　　　　　　　100 000

　　　　　　　　　　——临时道路修建费——待分摊成本

　　　　　　　　　　　　　　　　150 000

　　　　　　　　　　——建设场地平整费——待分摊成本

　　　　　　　　　　　　　　　　240 000

　　　　　　　　　　——防护栏费——待分摊成本

　　　　　　　　　　　　　　　　80 000

第4章
建筑安装工程费账务处理

　　建筑安装工程费是指项目开发过程中发生的列入建筑安装工程施工图预算项目内的各项费用，包括基础工程费、主体建筑工程费、安装工程费及装修工程费等。房地产开发企业的基础设施和建筑安装等工程的施工，可以采用自营方式，也可采用发包方式，或者甲供方式进行。

4.1　自营开发工程成本的核算

为了核算各项自营工程的实际成本，会计部门在接到施工部门的开工报告后，即要根据前述有关成本核算对象的说明，为各单位工程或同类工程开设"合同履约成本"明细分类账，用以记录各项工程的成本。同时不论工程施工期限的长短，都须等到工程完工记入各项应计成本以后，"合同履约成本"明细分类账的记录方为完整。

采用自营方式进行的基础设施和建筑安装（包括装饰）等工程，如果工程规模不大，在施工过程中发生的各项工程费用，可直接计入有关开发成本的核算对象。

4.1.1　自营工程成本核算流程

由于开发企业基础设施、建筑安装等工程具有多样性和固定性的特点，每一工程几乎都有它的独特形式和结构，需要一套单独的设计图纸，在建设时，要采用不同的施工方法和施工组织。即使采用相同的标准设计，由于必须在指定的地点建造，以致它们的地形、地质、水文等自然条件和交通、材料资源等社会条件不同，在建造时，往往也需要对设计图纸以及施工方法、施工组织等作适当改变。工程的这些特点，使工程施工具有个体性。因此，基础设施、建筑安装等工程的施工属于单件生产，在对工程组织成本核算时，必须采用订单成本核算法，即按照各项工程进行分别核算成本的方法。凡是可以直接记入各项工程的生产费用，应直接计入各项工程成本；凡是不能直接计入各项工程而应由有关工程共同负担的生产费用，要先按照发生地点先行归集，然后按照一定的标准，定期分配计入有关工程成本。

自营工程成本核算流程归纳如下：

（1）根据开工报告，确定工程成本核算对象，开设"合同履约成本"明细分类账；

（2）按工程成本核算对象和成本项目汇总分配材料、人工、折旧等费用；

（3）分配机械使用费、其他直接费和施工间接费；

（4）计算各月施工工程实际成本；

（5）根据完工报告，结算工程施工成本明细分类账中的实际总成本，并与预算成本对比分析。

4.1.2　工程成本的确定

为了简化工程成本核算手续，按照以下原则处理：在同一施工地点、同一结构类型、开竣工时间相接近的各个单位工程；在同一工地上施工的几个预算按照经济用途加以分类。施工单位的生产费用按照经济用途，一般应分为下列成本项目：材料费、人工费、机械使用费、其他直接费、施工间接费等。

（1）材料费是指在施工过程中所耗用的构成工程实体的材料、结构件的实际成本以及周转材料的摊销和租赁费用。

（2）人工费是指直接从事工程施工工人（包括施工现场制作构件工人，施工现场水平、垂直运输等辅助工人，但不包括机械施工人员）的工资、奖金、津贴和职工福利费。

（3）机械使用费是指在施工过程中使用自有施工机械所发生的费用，包括机上操作人员工资、职工福利费、燃料动力费、机械折旧、修理费，替换工具及部件费，润滑及擦拭材料费，安装、拆卸及辅助设施费、养路费、牌照税，使用外单位施工机械的租赁费，以及按照规定支付的施工机械进出场费。

（4）其他直接费是指现场施工用水、电、蒸汽费，冬雨季施工增加费，夜间施工增加费，土方运输费，材料二次搬运费，生产工具用具使用费，工程定位复测费，工程点交费，场地清理费等。

（5）施工间接费是指施工单位为组织和管理工程施工所发生的全部支出，包括施工单位管理人员工资、职工福利费、办公费、差旅费、交通费、行政管理用固定资产折旧修理费、低值易耗品摊销、财产保险费、劳动保护费、民工管理费等。如搭建有为工程施工所必需的生产、生活用的临时建筑物、构筑物及其他临时设施，还应包括临时设施摊销费。

上述材料费、人工费、机械使用费和其他直接费，由于直接耗用于工程的施工过程，叫作直接费，可以直接记入"合同履约成本——工程施工"账户和各项工程成本。施工间接费由于属于组织和管理工程施工所发生的各项费用，要按照一定标准分配计入各项工程成本，叫作间接费，在核算上应先将它记入"施工间接费用"账户，然后按照一定标准分配计入各项工程成本。

4.1.3　科目设置

工程施工成本核算对象和成本项目设置工程施工成本明细分类账进行工程成本明细分类核算，具体会计科目设置参考，见表 4-1。

表 4-1　会计科目设置参考

序号	总分类科目	二级科目	三级科目	四级科目
5001	开发成本			
500104	开发成本	建筑安装工程费		
50010401	开发成本	建筑安装工程费	基础造价	
5001040101	开发成本	建筑安装工程费	基础造价	土石方、桩基、护壁（坡）工程费
5001040102	开发成本	建筑安装工程费	基础造价	基础处理费，桩基咨询及检测费、降水
50010402	开发成本	建筑安装工程费	结构及粗装修造价（含地下室部分）	
5001040201	开发成本	建筑安装工程费	结构及粗装修造价（含地下室部分）	裙楼架空层及转换层
50010403	开发成本	建筑安装工程费	门窗工程	
5001040301	开发成本	建筑安装工程费	门窗工程	室外门窗
5001040302	开发成本	建筑安装工程费	门窗工程	进户门
5001040303	开发成本	建筑安装工程费	门窗工程	防火门
50010404	开发成本	建筑安装工程费	门窗工程公共部位精装修费	

序号	总分类科目	二级科目	三级科目	四级科目
5001040401	开发成本	建筑安装工程费	公共部位精装修费	大堂
5001040402	开发成本	建筑安装工程费	公共部位精装修费	楼梯间
5001040403	开发成本	建筑安装工程费	公共部位精装修费	屋面
5001040404	开发成本	建筑安装工程费	公共部位精装修费	外立面
5001040405	开发成本	建筑安装工程费	公共部位精装修费	雨篷
50010405	开发成本	建筑安装工程费	户内精装修费	
5001040501	开发成本	建筑安装工程费	户内精装修费	厨房
5001040502	开发成本	建筑安装工程费	户内精装修费	卫生间
5001040503	开发成本	建筑安装工程费	户内精装修费	厅房
5001040504	开发成本	建筑安装工程费	户内精装修费	阳台
5001040505	开发成本	建筑安装工程费	户内精装修费	露台
50010406	开发成本	建筑安装工程费	室内水暖气电管线设备费	
5001040601	开发成本	建筑安装工程费	室内水暖气电管线设备费	室内给排水系统费
5001040602	开发成本	建筑安装工程费	室内水暖气电管线设备费	室内采暖系统
5001040603	开发成本	建筑安装工程费	室内水暖气电管线设备费	室内燃气系统费
5001040604	开发成本	建筑安装工程费	室内水暖气电管线设备费	室内电气系统费
50010407	开发成本	建筑安装工程费	室内设备及其安装费	
5001040701	开发成本	建筑安装工程费	室内设备及其安装费	空调及安装费
5001040702	开发成本	建筑安装工程费	室内设备及其安装费	电梯及安装费
5001040703	开发成本	建筑安装工程费	室内设备及其安装费	发电机及安装费
5001040704	开发成本	建筑安装工程费	室内设备及其安装费	高低压配电及安装费
5001040705	开发成本	建筑安装工程费	室内设备及其安装费	消防通风及安装费
5001040706	开发成本	建筑安装工程费	室内设备及其安装费	背景音乐及安装费
50010408	开发成本	建筑安装工程费	室内智能化系统费	

序号	总分类科目	二级科目	三级科目	四级科目
5001040801	开发成本	建筑安装工程费	室内智能化系统费	保安监控及停车管理系统费用
5001040802	开发成本	建筑安装工程费	室内智能化系统费	电信网络费用
5001040803	开发成本	建筑安装工程费	室内智能化系统费	卫星（有线）电视费用
5001040804	开发成本	建筑安装工程费	室内智能化系统费	三表远传系统费用
5001040805	开发成本	建筑安装工程费	室内智能化系统费	家居智能化系统费用

4.1.4 材料费的核算

各项工程耗用的主要材料和结构件，通常通过"领料单""退料单""已领未用材料清单""大堆材料耗用单"等材料凭证汇总计算。"已领未用材料清单"是对下月需要继续使用的月末施工现场存料，在月末由各施工队组按各项工程用料分别盘点后填制，应从当月领用材料总额中减去借以计算该月材料耗用额的材料凭证。大堆材料是指砖、瓦、砂、石等材料。这些材料常有几个单位工程共同耗用，领用次数又多，很难在领用时逐一加以点数，往往采用"算两头、轧中间"的办法，来定期计算其实际用量。即对进场的大堆材料进行点数后，日常领用时不必逐笔办理领料手续，月末先计算定额耗用量。

本月定额耗用量＝$\sum$（本月完成工程量×材料消耗定额）

再通过盘点求得实际耗用量，差异数量和差异分配率：

本月实际耗用量＝月初结存数量＋本月收入数量－月末盘点数量

差异数量＝本月实际耗用量－本月定额耗用量

差异分配率＝差异数量÷本月定额耗用量×100％

然后，求得各项工程实际耗用大堆材料数量和计划价格成本：

某项工程实际耗用大堆材料数量＝该工程定额耗用量×（1±差异分配率）

某项工程实际耗用大堆材料的计划价格成本＝该工程实际耗用大堆材料数量×计划单价

施工队组在施工过程中领用的周转材料，如模板、跳板、脚手架木等，一般可在领用时填制"领料单"，先将其成本记入各项工程成本。于工程完工时，再填制"退料单"将实际盘存数冲减工程成本。对租赁的周转材料，其租赁费可根据租赁费用账单记入各项工程成本。

采用自营方式进行建筑安装工程施工的开发项目，其发生的各项建筑安装支出，一般可直接计入开发成本核算对象的"建筑安装工程费"成本科目。

如果开发大型建筑安装工程，可以设置"合同履约成本——工程施工""施工间接费用"等科目，月末再转入开发成本——建筑安装工程费。

【例 4-1】世通房地产有限公司自行开发建设绿苑小区，2×21 年 1 月 23 日采购建筑材料一批价值 130 万元，取得增值税专用发票注明金额 16.9 万元。材料款已转账支付。

借：合同履约成本——工程施工——建筑材料　　　　1 300 000

　　应交税费——应交增值税（进项税额）　　　　　169 000

　　贷：银行存款　　　　　　　　　　　　　　　　　1 469 000

1 月 31 日，施工项目地领用建筑材料 70 万元。

借：开发成本——建安工程费　　　　　　　　　　　700 000

　　贷：合同履约成本——工程施工——建筑材料　　　700 000

备注：如果开发大型建筑安装工程，可以借记"合同履约成本"科目。

4.1.5　人工费的核算

工程成本中的人工费，对计件工人的工资，可直接根据"工程任务单"中工资总额，汇总计入各项工程的成本。

"工程任务单"是施工员根据施工作业计划于施工前下达给工人班组的具体工作通知，也是用以记录实际完成工程数量、计算奖金或计件工资的凭证。通常于施工前由施工员会同定额员根据施工作业计划和劳动定额，参照施工图纸，分班组签发。任务单中工程完工后，施工员应根据工程任务单中规定的各项条件进行检查，并会同质量检查员进行验收，评定质量等级。实际验收数量与签发的工程数量有出入时，应查明原因并经领导批准后才能结算。每月签发的工程任务单，应于月末全部进行结算。如某些工程尚未全部完工，即将其完工部分按估计数进行结算，未完工部分可结合下月施工作业计划中的工程任务，再签发给原来的班组，使当月完成的工程和当月应发的工资奖金于当月结算。

对计时工人的工资和职工福利费,可根据按工程项别汇总的工时汇总表中各项工程耗用的作业工时总数和各该施工单位的平均工资率计算。所谓施工单位平均工资率,就是以月份内各该施工单位建筑安装工人作业工时总和,除建筑安装工人作业工时总和所得的商数,计算公式如下:

某施工单位平均工资率(元/时)=月份内施工单位建筑安装工人工资总额÷月份内该施工单位建筑安装工人作业工时总和

用施工单位平均工资率乘以各项工程耗用的工时,就可算得各项工程在某月份内应分配的人工费:

各项工程分配的人工资=该项工程耗用工时×施工单位平均工资率

【例4-2】平安房地产有限公司第二建筑队承接玫瑰公寓部分项目精装修工程。工程施工任务单,见表4-2。

表4-2 工程施工任务单

工程项目	玫瑰公寓		施工单位	第二建筑队
施工班组	第二建筑队		联系电话	××
序号	项目明细	施工量(m²)	单价(元)	小计(元)
1	大堂精装修	250	2 000	500 000
2	楼梯间装修	600	800	480 000
3	层面装修	900	500	450 000
合计				1 430 000
注明:请会计核对后再确认工资,按领导核准比例支付款项,核对后再给予结算款;签证单附后。				
施工任务总价	大写:⊗壹佰肆拾叁万元整		小写:¥1 430 000	
施工已借款	大写:		小写:	
扣除价款应付余款	大写:		小写:	
甲方现场负责人签字:××2×21年2月6日	项目负责人:签字:××2×21年2月6日	现场施工、安全负责人签字:××2×21年2月6日	会计签字:××2×21年2月6日	第二建筑队队长签字:××2×21年2月6日

支付第二建筑队人工费计入开发成本。

借:开发成本——建筑安装工程费——公共部位精装修费

1 430 000

　　　　　贷：应付职工薪酬　　　　　　　　　　　　　　　1 430 000

　　【例4-3】2×21年1月，锦乡房地产有限公司下属第一工程队承建甲、乙两个施工项目，分别核算工程成本。本月发生的业务如下。

　　（1）本月为拆除旧厂房支付计时工资234 000元，甲项目耗用10天，乙项目耗用15天。

　　　　工资分配标准＝234 000÷（10＋15）＝9 360（元）

　　　　甲项目：10×9 360＝93 600（元）

　　　　乙项目：15×9 360＝140 400（元）

　　　　编制会计分录如下：

　　　　借：合同履约成本——工程施工——甲项目（人工费）　93 600

　　　　　　　　　　　　　　　　　　——乙项目（人工费）　140 400

　　　　　　贷：应付职工薪酬——工资　　　　　　　　　　　234 000

　　（2）本月为搅拌混凝土支付计件工资48 000元，甲项目耗用14吨，乙项目耗用6吨。

　　　　工资分配标准＝48 000÷（14＋6）＝2 400（元）

　　　　甲项目：14×2 400＝33 600（元）

　　　　乙项目：6×2 400＝14 400（元）

　　　　编制会计分录如下：

　　　　借：合同履约成本——工程施工——甲项目（人工费）　33 600

　　　　　　　　　　　　　　　　　　——乙项目（人工费）　14 400

　　　　　　贷：应付职工薪酬——工资　　　　　　　　　　　48 000

4.1.6　机械使用费的核算

　　施工单位因采用机械化施工使用施工机械而发生的各项费用，应另行组织核算。因为使用施工机械而发生的机械使用费，单独记入工程成本的"机械使用费"项目。

　　机械使用费的内容，一般包括：

　　（1）人工费指机上操作人员的工资和职工福利费。

　　（2）燃料、动力费指施工机械耗用的燃料、动力费。

　　（3）材料费指施工机械耗用的润滑材料和擦拭材料等费用。

（4）折旧、修理费指对施工机械计提的折旧费、应付修理费和租入机械的租赁费。

（5）替换工具、部件费指施工机械使用的传动皮带、轮胎、胶皮管、钢丝绳、变压器、开关、电线、电缆等替换工具和部件的摊销费和维修费。

（6）运输装卸费指将施工机械运到施工现场、运离施工现场和在工地范围内转移的运输、安装、拆卸及试车等费用，若运往其他施工现场，运出费用由其他施工现场的工程成本负担。

（7）辅助设施费指为使用施工机械建造、铺设的基础、底座、工作台、行走轨道等费用。施工机械的辅助设施费，如数额较大，可先记入"待摊费用"账户，然后按照现场施工期限分次从"待摊费用"账户转入"工程施工——机械使用费"账户，摊入各月工程成本。

（8）养路费、牌照税指为施工机械如铲车、压路机等缴纳的养路费和牌照税。

（9）间接费指机械施工队组织机械施工、管理机械发生的费用和停机棚的折旧、修理费。

至于施工机械所加工的材料，如搅拌混凝土时所用的水泥、砂、石等，应记入工程成本的"材料费"项目；为施工机械担任运料、配料和搬运成品工人的工资，应记入工程成本的"人工费"项目；土建施工队因组织机械施工而发生的有关管理费，一般应记入"施工间接费用"的有关项目，不列作施工机械使用费。

机械使用费的总分类核算，应先在"合同履约成本——工程施工——机械使用费"账户进行。施工单位发生的各项机械使用费，都要自"库存材料""低值易耗品""材料成本差异""应付职工薪酬""银行存款""累计折旧"等账户的贷方转入"合同履约成本——工程施工——机械使用费"账户的借方，作如下分录入账：

机械使用费的明细分类核算，对大型机械可按各机械分别进行；对中型机械一般可按机械类别进行。至于那些没有专人使用的小型施工机械，如打夯机、卷扬机、砂浆机、钢筋木工机械等的使用费，可合并计算它们的折旧、修理费。

机械使用费的分配，一般都以施工机械的工作台时（或工作台班或完成工作量）为标准。各施工机械对各项工程施工的工作台时，可以根据各种机械的使用记录，在"机械使用月报"中加以汇总。

台班作为工程中的常用单位，是指机器设备单位时间利用情况的一种复合计量单位。台班由"台"和"班"组成，"台"是指机械设备的单位，如："一台汽车，两台挖掘机等"；"班"是指"工作按时间分成的段落"，比如"夜班、白班、三班倒等"，依照我国的工作时段规定，一个"班"指 8 个小时的工作时段。

合同计价标准约一般定为：每台班定额 8 小时，现场实际工作不足 4 小时按 0.5 个台班计费；超过 4 小时不足 8 小时以内为 1 台班；连续作业超过 8 小时后，超出部分工作时间按小时计费，不足一小时按一小时计算。

根据机械使用费明细分类账记录的机械使用费合计数和机械使用月报中各项工程的工作台时，就可通过下列算式将机械使用费进行分配。

某项工程应分配的机械使用费＝该项工程使用机械的工作台时×机械使用费合计÷机械工作台时合计

对于各种中型机械的机械使用费的核算，也可不分机械种类进行。在这种情况下，对于各项工程应分配的机械使用费，可在月终根据机械使用月报中各种机械的工作台时合计分别乘该种机械台时费计划数，求得当月按各种机械台时费计划数计算的机械使用费合计，然后与当月实际发生的机械使用费合计数比较，求得机械使用费实际数对按台时费计划数的百分比，再将各项工程按台时费计划数计算的机械使用费进行调整。

某项工程应分配的机械使用费＝∑（该工程使用机械的工作台时×机械台时费计划数）×实际发生的机械使用费÷∑（机械工作台时合计×该机械台时费计划数）

【例 4-4】亚光房地产有限公司承建甜水园小区，采用起重机和土方机械液压挖掘机进行作业。起重机的台时费计划数为 30 元，土方机械液压挖掘机的台时费计划数为 42 元。本月实际发生机械使用费 44 100 元。根据施工项目计划，资料如下。

各种施工机械按台时费计划数计算的机械使用费合计金额，见表 4-3。

表 4-3　机械计划使用费

	台时（小时）	计划台时费用（元）	总计（元）
桥式类型起重机械	230	30	6 900
土方机械液压挖掘机	400	42	16 800
其他机械			21 300
合计			45 000

（1）计算机械使用费实际数对按台时费计划数计算的百分比。

44 100÷45 000×100％＝98％

（2）将各项工程按台时费计划数计算的机械使用费按实际数加以调整。

假设 1 号单元楼建筑工程按各机械工作台时和按台时费计划数计算的机械使用费合计数为 102 000 元，则应分配的机械使用费为：

102 000×98％＝99 960（元）

对于分配于各项工程成本的机械使用费，应自"合同履约成本——工程施工——机械使用费"账户的贷方转入"合同履约成本——工程施工"账户的借方，并记入各项工程成本的"机械使用费"项目：

借：合同履约成本——工程施工　　　　　　　　　　44 100
　　贷：合同履约成本——工程施工——机械使用费　　44 100

对于小型施工机械的折旧、修理费，可于月末按各项工程的工料费或工作量的比例，分配计入各项工程成本的"机械使用费"项目。

【例 4-5】2×21 年 2 月，瀛海房地产有限公司下属第一工程队承建甲、乙两个施工项目，分别核算工程成本。本月机械使用费分配见表 4-4。

表 4-4　自营工程机械使用费分配表

2×21 年 2 月　　　　　　　　　　　　　　　单位：元

核算对象		甲项目	乙项目	合计
塔式吊车	本月发生额			40 800
	台班数（小时）	64	72	136
	分配率（元/时）	300		
	工程分配金额	19 200	21 600	

核算对象		甲项目	乙项目	合计
混凝土搅拌车	本月发生额			67 500
	台班数（小时）	100	50	150
	分配率（元/时）	450		
	工程分配金额	45 000	22 500	
平地机	本月发生额			110 600
	台班数（小时）	80	60	140
	每台班成本	790		
	工程分配金额	63 200	47 400	
合计		127 400	91 500	218 900

根据上表，对甲项目应分摊的机械使用费编制会计分录如下：

借：合同履约成本——工程施工——甲项目（机械使用费）

　　　　　　　　　　　　　　　　　　 127 400

　　 贷：机械作业——塔式吊车　　　　 19 200

　　　　　　　——混凝土搅拌车　　　 45 000

　　　　　　　——平地机　　　　　　 63 200

根据上表，对乙项目应分摊的机械使用费编制会计分录如下：

借：合同履约成本——工程施工——乙项目（机械使用费）

　　　　　　　　　　　　　　　　　　 91 500

　　 贷：机械作业——塔式吊车　　　　 21 600

　　　　　　　——混凝土搅拌车　　　 22 500

　　　　　　　——平地机　　　　　　 47 400

4.1.7　其他直接费的核算

工程成本中的"其他直接费"，是指在施工现场直接发生但不能记入"材料费"、"人工费"和"机械使用费"项目的其他直接发生的费用，主要包括：

（1）施工过程中耗用的水、电、风、汽费；

（2）冬、雨季施工费包括为保证工程质量，采取保温、防雨措施所需增加的材料、人工和各项设施费用；

（3）因场地狭小等原因而发生的材料搬运费；

（4）土方运输费。

此外，还包括生产工具用具使用费、检验试验费、工程定位复测费、工程点交费、场地清理费等。

事实上，其他直接费是工程直接费用的组成部分。在计算建筑安装工程造价时，按规定的取费率计算，也可直接计入预算定额分项中，但不得重复计算。在实际工作中，其他直接费中的一些费用很难与施工生产中发生的正常的人工费、材料费区分清楚，可按照费率计取计入"人工费""材料费"等成本项目内核算。为了使实际成本与预算定额的口径一致，在编制成本报表时，应将预算成本的成本项目按照要求进行调整。

【例4-6】2×21年3月，宏大建筑有限公司承担某商业公司办公大楼A座、B座其他直接费用总计，其中，发生工程电费18 900元，总用电度数37 800度；工程水费91 250元、用水36 500吨、场地清理费84 500元，按工料成本比例分配。根据上述资料和施工统计资料编制"其他直接费分配表"见表4-5。

表4-5　其他直接费分配表

2×21年3月31日　　　　　　　　　　　　　　　　金额单位：元

核算对象	电费		水费		场地清理费	
	耗用度数（度）	分配金额	耗用吨数（吨）	分配金额	场地面积（m²）	分配金额
总金额	37 800	18 900	36 500	91 250	8 450	84 500
分配率	0.5（元/度）		2.5（元/吨）		10（元/m²）	
办公楼A座	21 400	10 700	19 000	47 500	4 200	42 000
办公楼B座	16 400	8 200	17 500	43 750	4 250	42 500

根据"其他直接费分配表"，会计分录如下。

（1）分配电费。

借：合同履约成本——工程施工——合同成本（办公楼A座，其他直接费）

　　　　　　　　　　　　　　　　　　　　　　　　　　10 700

　　　　　　　　　　——合同成本（办公楼B座，其他直接费）

　　　　　　　　　　　　　　　　　　　　　　　　　　8 200

　　贷：银行存款　　　　　　　　　　　　　　　　　　18 900

（2）分配水费。

借：合同履约成本——工程施工——合同成本（办公楼 A 座，其他直接费）

47 500

——合同成本（办公楼 B 座，其他直接费）

43 750

贷：银行存款 91 250

（3）分配场地清理费。

借：合同履约成本——工程施工——合同成本（办公楼 A 座，其他直接费）

42 000

——合同成本（办公楼 B 座，其他直接费）

42 500

贷：应付账款 84 500

【例 4-7】2×21 年 4 月，宏大建筑有限公司建设厂房，石材需要二次搬运，发生搬运费 9 080 元；为砖墙混凝土发生测试费 12 000 元，领用雨布 3 000 米，价款 4 000 元。编制会计分录如下。

借：合同履约成本——工程施工——合同成本（厂房，其他直接费）

9 080

贷：应付职工薪酬 9 080

借：合同履约成本——工程施工——合同成本（厂房，其他直接费）

12 000

贷：库存现金 12 000

借：合同履约成本——工程施工——合同成本（厂房，其他直接费）

4 000

贷：周转材料——低值易耗品 4 000

4.1.8 施工间接费用的核算

工程成本中除了上述的各项直接费外，还包括施工单位组织施工、管理所发生的各项费用。这些费用，虽为组织施工、管理所必需，但是不能确定其为某项工程成本所应负担，因而无法将它直接计入各项工程成本。为了简化核算手续，都将它先记入"施工间接费用"账户，然后将它分配计入各项工程成本。

施工间接费用的内容，一般包括：

（1）管理人员工资，是指施工单位管理人员的工资、工资性津贴、补贴等。

（2）职工福利费，是指实际发生的福利费不超过施工单位管理人员工资总额的一定比例（目前为14%）的职工福利费可在企业所得税税前扣除。

（3）折旧费，是指施工单位施工管理使用属于固定资产的房屋、设备、仪器等的折旧费。

（4）修理费，是指施工单位施工管理使用属于固定资产的房屋、设备、仪器等的经常修理费和大修理费。

（5）工具用具使用费，是指施工单位施工管理部门使用不属于固定资产的工具、器具和检验、试验、消防用具等的购置，摊销和修理费。

（6）办公费，是指施工单位管理部门办公用的文具、纸张、账表、印刷、邮电、书报、会议、水电、烧水和集体取暖用煤等的费用。

（7）差旅交通费，是指施工单位职工因公出差、调动工作的差旅费、外勤补助费、市内交通和误餐补助费、上下班交通补贴、职工探亲路费、职工离退休退职一次性路费、工伤人员就医路费，以及施工单位管理部门使用的交通工具的油料、燃料、养路费、牌照费等。

（8）劳动保护费，是指用于施工单位职工的劳动保护用品和技术安全设施的购置、摊销和修理费，供职工保健用的解毒剂、营养品、防暑饮料、洗涤肥皂等物品的购置费和补助费以及工地上职工洗澡、饮水的燃料费等。

（9）其他费用，是指上列各项费用以外的其他间接费用。

施工单位发生的间接费用，在总分类核算上，应在"施工间接费用"账户进行。发生的各项施工间接费用，都要自"原材料""周转材料""材料成本差异""应付职工薪酬""银行存款""库存现金""累计折旧"等账户的贷方转入"施工间接费用"账户的借方。

【例4-8】2×21年4月，宏大建筑有限公司行政管理部门当月领用墙体涂料40公斤，共计8 000元；应付管理人员工资87 500元；购买办公用品1 000元，用银行存款支付；计提计算机折旧费用9 640元。

借：施工间接费用 　　　　　　　　　　　　　106 140

　　贷：原材料——墙体涂料 　　　　　　　　　　8 000

　　　　应付职工薪酬 　　　　　　　　　　　　87 500

银行存款		1 000
累计折旧		9 640

如施工单位搭建有为进行施工所必需的生产和生活用的临时宿舍、仓库、办公室等临时设施，应将其搭建支出先记入"递延资产"账户，然后分月摊销记入"施工间接费用"账户。

施工间接费用的明细分类核算，应按施工单位设置"施工间接费用明细分类账"，将发生的施工间接费用按明细项目分栏登记。

每月终了，应对施工间接费用进行分配。

某项工程本期应分配的施工间接费用＝本期实际发生的施工间接费用×该项工程本期实际发生的直接费（或人工费）×该项工程规定的施工间接费用定额÷∑〔各项工程本期实际发生的直接费（或人工费）×各项工程规定的施工间接费用定额〕

在实际核算工作中，对于施工间接费用的分配，往往先计算本期实际发生的施工间接费用对按施工间接费用定额计算的施工间接费用的百分比，再将各项工程按定额计算的施工间接费用进行调整，即将上列算式改为：

某项工程本期应分配的施工间接费用＝〔该项工程本期实际发生的直接费（或人工费）×该项工程本期规定的施工间接费用定额〕×本期实际发生的施工间接费用÷∑〔各项工程本期实际发生的直接费（或人工费）×各项工程规定的施工间接费用定额〕

【例4-9】2×21年4月，宏大建筑有限公司开发景帝园12号楼、13号楼、14号楼，发生施工间接费用103 600元，各项工程在5月内发生的直接费和施工间接费用定额，见表4-6。

表4-6

单位：元

项　　目	直接费用	施工间接费用定额占直接费用的比率
12号楼	128 000	5%
13号楼	224 000	5%
14号楼	240 000	5%

各幢楼分配施工间接费用如下：

12号楼应分配的施工间接费用＝128 000×5%×103 600÷（128 000×5%＋224 000×5%＋240 000×5%）

$$=6\ 400\times[103\ 600\div(6\ 400+11\ 200+12\ 000)]$$

$$=6\ 400\times(103\ 600\div29\ 600)$$

$$=22\ 400（元）$$

13 号楼应分配的施工间接费用$=224\ 000\times5\%\times103\ 600\div(128\ 000\times5\%+$
$224\ 000\times5\%+240\ 000\times5\%)$

$$=11\ 200\times[103\ 600\div(6\ 400+11\ 200+12\ 000)]$$

$$=11\ 200\times(103\ 600\div29\ 600)$$

$$=39\ 200（元）$$

14 号楼应分配的施工间接费用$=240\ 000\times5\%\times103\ 600\div(128\ 000\times5\%+$
$224\ 000\times5\%+240\ 000\times5\%)$

$$=12\ 000\times[103\ 600\div(6\ 400+11\ 200+12\ 000)]$$

$$=12\ 000\times(103\ 600\div29\ 600)$$

$$=42\ 000（元）$$

4.2 发包工程及其价款结算

房地产开发企业的基础设施和建筑安装等工程的施工，如不采用自营方式，可以采用发包方式。对发包的基础设施和建筑安装工程，一般采用招标、议标方式，通过工程公开招标或邀请施工企业议标，将工程发包给施工企业的，按工程标价进行结算。开发企业要根据工程承包合同条例的规定，同承包工程的施工企业签订工程承包合同。承包合同是发包开发企业和承包施工企业为了完成承发包工程，根据批准的设计文件和中标标函内容所签订，明确双方相互权利、义务关系的协议。

一般应具备以下主要内容：①工程名称和地点；②工程范围和内容；③开工、竣工日期；④工程质量、保修期及保修条件；⑤工程造价；⑥工程价款的支付、结算及交工验收办法；⑦设计文件和技术资料提供日期；⑧材料、设备的供应和进场期限；⑨双方相互协作事项和违约责任等。开发企业应将承包合同副本送开户银行作为结算工程价款的依据。

4.2.1 发包工程价款的结算方式

房地产开发企业与施工企业在工程承包合同中规定的工程价款的结算，

应根据国家有关工程价款结算办法，结合当地的有关规定具体确定。从目前各个地区所采用的工程价款结算办法来看，归纳起来，主要有如下三种。

1. 按月结算

按月结算是指按照每月实际完成的分部分项工程进行结算，因为建筑安装工程等虽具有个体性的特点，但不同的工程，都是由一定的分部、分项工程构成的。每一个分部、分项工程，都有一定的施工内容、质量标准和统一的计量单位，并在短期内可以完成。国家为了管理工程造价而制订的工程预算定额和地区预算造价，都是以分部、分项工程为基础的。因此，根据经验收合格的各月份的已完分部、分项工程的工程数量和预算单价等计算的工程造价，就是各该月份应结算和支付的工程款。如果招标出包工程，工程标价与工程造价不同时，应按工程标价占工程预算造价的百分比进行调整计算。在具体做法上，各个地区也不尽相同，目前，一般都实行月中预付、月终结算，即在月中按照当月施工计划所列的工作量一半预付，月末（实际为下月初）按照各工程当月实际完成工作量（即预算造价或调整计算后的工程标价）扣除月中预付款后进行结算。

2. 分段结算

分段结算就是将一个单位工程按形象进度划分为几个阶段（部位），如基础、结构、装饰、竣工等；按照完成阶段，分段验收结算工程价款。分段结算也可按月预付工程款，即在月中按照当月施工计划工作量预付，于工程阶段完成验收后，扣除预付款进行结算。

3. 一次性结算

竣工一次结算开发项目或单项工程施工工期在 12 个月以内，或者工程承包合同价值较小的，可以实行工程价款每月月中预支、竣工后一次结算。即在工程开工后，每月按当月施工计划所列工作量预付工程款，于工程竣工验收后按工程承包合同价值扣除预付工程款后进行结算。

总之，不论采用何种结算办法，施工期间结算的工程价款一般都不得超过承包工程合同价值的 95%。结算双方可以在 5% 的幅度内协商确认尾款比例，并在工程承包合同中订明。尾款应专户存入银行，等工程竣工验收后清算。但如承包施工企业已向开发企业出具履约保函或有其他保证的，可以不留工程尾款。

以发包方式进行建筑安装工程施工的开发项目，根据企业支付的已完工程价款，直接计入开发成本核算对象的建筑安装工程费成本项目。

4.2.2　应付工程款的核算

房地产开发企业与施工企业有关发包工程款和预付备料款、工程款的核算，应在"应付账款——应付工程款"和"合同资产——预付承包单位款"两个账户进行。开发企业按照规定预付给承包施工企业的备料款和工程款，应记入"合同资产——预付承包单位款"账户的借方；按照工程价款结算账单应付给承包施工企业的工程款，应记入"开发成本——房屋开发成本"等账户的借方和"应付账款——应付工程款"账户的贷方。如有扣除应付工程款的预付备料款和预付工程款时，应将扣回的预付备料款和预付工程款记入"合同资产——预付承包单位款"账户的贷方，"应付账款——应付工程款"账户的贷方仅记减去扣回预付备料款和预付工程款后的应付账款。支付工程款时，记入"应付账款——应付工程款"账户的借方和"银行存款"等账户的贷方。

【例 4-10】正通房地产有限公司与宏大建筑有限公司签订发包工程合同总金额为 4 200 万元。合同约定，预付施工工程款 420 万以银行存款支付。

借：合同资产——宏大建筑有限公司——预付承包单位款

　　　　　　　　　　　　　　　　　　　　　　4 200 000

　　贷：银行存款　　　　　　　　　　　　　　4 200 000

工程价款结算时，根据施工单位提供的工程价款结算单中已完工工程价值 2 400 万元。

借：开发成本——建筑安装工程费　　　　　24 000 000

　　应交税费——应交增值税（进项税额）　　2 160 000

　　贷：合同资产——宏大建筑有限公司——预付承包单位款

　　　　　　　　　　　　　　　　　　　　　　4 200 000

　　　　应付账款——宏大建筑有限公司——应付工程款

　　　　　　　　　　　　　　　　　　　　　21 960 000

支付时。

借：应付账款——宏大建筑有限公司——应付工程款

　　　　　　　　　　　　　　　　　　　　21 960 000

　　　　贷：银行存款　　　　　　　　　　　　　　　　　21 960 000

【例 4-11】2×21 年 5 月 15 日，正通房地产开发公司与宏大建筑有限公司签订一期高层 18 号楼住宅基础工程施工合同。宏大建筑有限公司为一般纳税人，适用一般计税方法。

5 月 15 日，基础工程完成，收到工程部门转来的工程计量报告和施工单位的增值税普通发票，价税合计金额为 261.60 万元。

（1）5 月 15 日，以银行转账方式结算基桩工程款。

　　　借：开发成本——18 号楼住宅——建安工程费　　　2 616 000
　　　　　贷：银行存款　　　　　　　　　　　　　　　　2 616 000

（2）5 月 18 日，以银行转账方式支付桩基检测费 20 万元。

　　　借：开发成本——18 号楼住宅——建安工程费　　　　 200 000
　　　　　贷：银行存款　　　　　　　　　　　　　　　　　 200 000

（3）6 月 20 日，收到宏大建筑有限公司转来的主体工程建筑款 480 万元，收到增值税专用发票，注明税款 432 000 元。

　　　借：开发成本——18 号楼住宅——建安工程费　　　4 800 000
　　　　　应交税费——应交增值税（进项税额）　　　　 432 000
　　　　　贷：应付账款——宏大建筑有限公司　　　　　 5 232 000

（4）7 月 30 日，收到宏大建筑有限公司转来的安装工程、装饰工程进度结算单，金额为 150 万元，收到增值税专用发票，注明税款 13.5 万元。

　　　借：开发成本——18 号楼住宅——建安工程费　　　1 500 000
　　　　　应交税费——应交增值税（进项税额）　　　　 135 000
　　　　　贷：应付账款——宏大建筑有限公司　　　　　 1 635 000

4.3 甲供工程的核算

　　房地产开发企业与建筑工程施工企业之间签订的建筑安装承包合同，分为包工包料方式与包工不包料方式。

4.3.1 甲供材料的含义

　　所谓"甲供"，是指甲供材料，由基本建设单位提供原材料，施工单位仅提供建筑劳务的工程，简称"甲供工程"。由房地产开发企业与工程施工单位签订一份材料供应及价款结算合同，合同中规定房地产开发工程项目中所使用的主要材料由开发商统一购入，材料价款的结算按照合同中规定的价格结算，数量按照房地产开发企业调拨给分包商数量结算。即"甲供料"方法中，材料的价格风险由房地产开发企业承担，材料的数量风险由各工程施工单位承担。房地产开发企业根据各工程项目进度预算出所需要的材料量来采购材料，购入材料时作为房地产开发企业自己的材料成本入账，工程施工单位使用材料时由房地产开发企业材料部门填制调拨单，材料部门把这些调拨单给预算部门，预算部门在与工程施工单位结算时将这部分材料款从结算总额中剔除。

施工单位有对建设单位进行检查的义务，如果因施工单位未检查而材料不合格就应用到工程上，施工单位同样要承担相应的责任。从工程计价角度说：预算时甲供材必须进入综合单价；工程结算时，一般是扣甲供材费的99%，有1%作为甲供材料保管费。它是指在房地产开发企业与工程施工单位之间材料供应和管理核算的一种方法。

房地产开发企业实际发生的土地征用费、拆迁费、基础设施费以及向施工单位提供建筑材料、支付施工单位工程款等支出，应根据相应的合法凭证与清单计入开发产品的开发成本，对于甲供材料的账务处理，税法明确规定应由房地产开发企业记入"开发成本——施工设备、材料"。

对甲供材料不能及时取得发票的企业，可按计划成本核算，并按财务制度规定进行材料成本差异的核算。

4.3.2 包工包料会计处理

如果是包工包料方式，其建安成本就是乙方建筑公司提供的建安发票作为记账依据，计入开发成本科目核算。

【例4-12】天通世衡房地产开发公司与海创建筑有限公司签订建筑安装施工合同，工程总造价为 9 810 万元。本月收到海创建筑有限公司的工程价款结算单与增值税发票金额合计为 2 180 万元，工程价款结算单见表4-7。

借：开发成本——××项目——建筑安装工程费　20 000 000

应交税费——应交增值税（进项税额）　　　　1 800 000

贷：应付账款——应付工程款——海创建筑有限公司

21 800 000

表 4-7　工程价款结算单

合同项目名称：

施工单位名称：　　　　　　　　　　　　　　　　　　　　　　　金额单位：万元

项目编号	项目名称	计量单位	单价	合同量		承包单位本月申报量		本期末累计完成		业主方审核量			
										本期完成		本期末累计完成	
				工程量（m³）	金额	工程量（m³）	金额	工程量（m³）	金额	工程量（m³）	金额	工程量（m³）	金额
GT30	甲项目	—	—	10 000	9 810	2 000	2 180	2 000	2 180	2 000	2 180	2 000	2 180
工程量支付合计										2 180		2 180	
工程预付款													
合计支付													
扣还预付款													
保留金													
净支付													

4.3.3　包工不包料会计处理

如果是包工不包料（主料或辅助材料等）方式也叫甲供材承包工程。甲供材承包方式，是指由房地产开发公司自行采购材料。

【例 4-13】天通世衡房地产开发公司与海创建筑有限公司签订建筑安装施工合同，工程总造价为 5 424 万元。其中，工程所需的主要材料由房地产开发公司自行采购后交付给海创建筑有限公司，材料价税合计 1 582 万元。

（1）购买材料时。

借：工程物资——建筑安装项目——主要材料 14 000 000

  应交税费——应交增值税（进项税额） 1 820 000

   贷：应付账款 15 820 000

（2）交付给海创建筑有限公司时，有两种处理方法。

①交付材料时第一种方法。

借：合同资产——海创建筑有限公司 15 820 000

  贷：工程物资——建筑安装项目——主要材料 14 000 000

   应交税费——应交增值税（销项税额） 1 820 000

海创建筑有限公司应按不含税金额计入工程成本，向天通世衡房地产开发公司办理工程价款结算时合并开具发票。

天通世衡房地产开发公司收到工程款发票时。

借：开发成本——项目——建筑安装工程费 14 000 000

  应交税费——应交增值税（进项税额） 1 260 000

   贷：合同资产 15 260 000

②交付材料时第二种方法。

借：开发成本——项目——建筑安装工程费 14 000 000

  贷：工程物资——项目——主要材料 14 000 000

由于天通世衡房地产开发公司直接将材料作为开发成本入账，海创建筑有限公司则不需要按含有材料款的金额向开发公司索要工程款。

4.4 基础设施费归集与分配

基础设施费是指项目开发过程中发生的小区内，建筑安装工程施工图预算项目之外的道路、供电、供水、供气、供热、排污、排洪、通信、照明和绿化等基础设施工程费用，红线外两米与大市政接口的费用，以及向水、电、气、热、通信等大市政公司交纳的费用。具体包括道路工程费、供电工程费、给排水工程费、煤气工程费、供暖工程费、通信工程费、电视工程费、照明工程费、景观绿化工程费、环卫工程费、安防智能化工程费以及小区周围设置的永久性围墙、围栏支出、园区大门等。

供电工程费是指变（配）电设备的购置费，设备安装及电缆铺设费，供（配）电贴费，电源建设费，交纳的电增容费等。给排水工程费是指自来水、雨（污）水排放、防洪等给排水设施的建造、管线铺设费用，以及向自来水公司交纳的水增容费等。煤气工程费是指煤气管道的铺设费、增容费、集资费、煤气配套费，煤气发展基金、煤气挂表费等。供暖工程费是指暖气管道的铺设费、集资费。通信工程费是指电话线路的铺设、电话配套费、电话电缆集资费，交纳的电话增容费等。电视工程费是指小区内有线电视（闭路电视）的线路铺设和按规定应交纳的有关费用。照明工程费是指小区内路灯照明设施支出。景观绿化工程是指小区内景观建设、人工草坪、栽花、种树等绿化支出。环卫工程费是指小区内的环境卫生设施支出，如垃圾站（箱）、公厕等支出。安防智能化工程费是指小区内安防、监控工程费。

4.4.1　基础设施费的归集

能分清成本核算对象的，直接计入有关房屋开发成本核算对象的"基础设施费"成本项目。不能分清成本核算对象的，先将支出通过"开发成本——基础设施费——待分摊成本"账户归集，期末再采用一定的分配方法进行分配。

【例 4-14】南方房地产开发公司 2×21 年 5 月发生以下与基础设施费相关的业务。

（1）5 月 2 日，B 地块一期燃气设施安装工程完工，增值税专用发票的价款为 100 000 元，增值税税额为 9 000 元。

借：开发成本——B 地块一期——基础设施费　　　　　100 000
　　应交税费——应交增值税（进项税额）　　　　　　　9 000
　　　贷：银行存款　　　　　　　　　　　　　　　　　　　　109 000

（2）5 月 3 日，B 地块一期道路雨污水工程完工，结算工程款，取得增值税专用发票的价款为 50 000 元，增值税税额为 4 500 元。

借：开发成本——B地块一期——基础设施费　　　　　50 000

　　应交税费——应交增值税（进项税额）　　　　　4 500

　　　贷：银行存款　　　　　　　　　　　　　　　　　　　54 500

（3）5月10日，B地块一期绿化景观工程完工，结算工程款，取得增值税专用发票的价款为300 000元，增值税税额为27 000元。

借：开发成本——B地块一期——基础设施费　　　　　300 000

　　应交税费——应交增值税（进项税额）　　　　　27 000

　　　贷：银行存款　　　　　　　　　　　　　　　　　　　327 000

4.4.2　基础设施费的分配

基础设施费可按建筑面积法进行分配；如果认为其他分配方法更合理，也可以采用其他方法对基础设施费进行分配。

【例4-15】南方房地产开发公司开发某一项目，一层为底商建筑面积20 000平方米，一层以上为住宅建筑面积80 000平方米，底商与住宅分别作为成本对象，本月支付室外给水管网安装工程费22 000元。

采用建筑面积分配方法如下：

底商承担室外给水管网安装工程费＝22 000÷100 000×20 000＝4 400（元）

住宅承担室外给水管网安装工程费＝22 000÷100 000×80 000＝17 600（元）

4.5　开发间接费用会计处理

开发间接费用是指房地产开发企业内部独立核算单位在开发现场组织管理开发产品而发生的各项费用。这些费用虽也属于直接为房地产开发而发生的费用，但它不能确定其为某项开发产品所应负担，因而无法将它直接记入各项开发产品成本。为了简化核算手续，先记入"开发间接费用"账户，然后按照适当分配标准，将它分配记入各项开发产品成本。

4.5.1　开发间接费用的组成和核算

为了组织开发间接费用的明细分类核算，分析各项费用增减变动的原因，进一步节约费用开支，开发间接费用应分设如下明细项目进行核算：

（1）工资，指开发企业内部独立核算单位现场管理机构行政、技术、经济、服务等人员的工资、奖金和津贴。

（2）福利费，指不超过上项人员工资总额的一定比例（目前为 14％）发生的职工福利费。

（3）折旧费，指开发企业内部独立核算单位使用属于固定资产的房屋、设备、仪器等提取的折旧费。

（4）修理费，指开发企业内部独立核算单位使用属于固定资产的房屋、设备、仪器等发生的修理费。

（5）办公费，指开发企业内部独立核算单位各管理部门办公用的文具、纸张、印刷、邮电、书报、会议、差旅交通、烧水和集体取暖用煤等费用。

（6）水电费，指开发企业内部独立核算单位各管理部门耗用的水电费。

（7）劳动保护费，指用于开发企业内部独立核算单位职工的劳动保护用品的购置、摊销和修理费，供职工保健用营养品、防暑饮料、洗涤肥皂等物品的购置费或补助费，以及工地上职工洗澡、饮水的燃料等。

（8）周转房摊销，指不能确定为某项开发项目安置拆迁居民周转使用的房屋计提的摊销费。

（9）利息支出，指开发企业为开发房地产借入资金所发生而不能直接计入某项开发成本的利息支出及相关的手续费，但应冲减使用前暂存银行而发生的利息收入。开发产品完工以后的借款利息，应作为财务费用，计入当期损益。

（10）其他费用，指上列各项费用以外的其他开发间接费用支出。

从开发间接费用的明细项目中，可以看出与土地征用及拆迁补偿费、建筑安装工程费等变动费用不同，开发间接费用属于相对固定的费用，其费用总额并不随着开发产品量的增减而成比例的增减。但就单位开发产品分摊的费用来说，则随着开发产品量的变动而成反比例的变动，即完成开发产品数量增加，单位开发产品分摊的费用随之减少；反之，完成开发产品数量减少，单位开发产品分摊的费用随之增加。因此，超额完成开发任务，就可降低开发成本中的开发间接费。

具体科目设置见表 4-8。

表 4-8　开发间接费科目设置

序号	总分类科目	二级科目	三级科目	四级科目
5001	开发成本			
500106	开发成本	开发间接费		
50010601	开发成本	开发间接费	管理人员工资	
50010602	开发成本	开发间接费	职工福利费	
50010603	开发成本	开发间接费	折旧费	
50010604	开发成本	开发间接费	修理费	
50010604	开发成本	开发间接费	办公费	
50010605	开发成本	开发间接费	水电费	
50010606	开发成本	开发间接费	营销设施建造费	
50010607	开发成本	开发间接费	工程管理费	
50010608	开发成本	开发间接费	劳动保护费	
50010609	开发成本	开发间接费	周转房摊销	

开发间接费用的总分类核算，在"开发间接费用"账户进行。企业所属各内部独立核算单位发生的各项开发间接费用，都要自"应付职工薪酬""累计折旧""递延资产""银行存款""周转房——周转房摊销"等账户的贷方转入"开发间接费用"账户的借方。

必须指出，如果开发企业不设置现场管理机构而由企业（即公司本部）定期或不定期地派人到开发现场组织开发活动，其所发生的费用，除周转房摊销外，其他开发间接费可记入企业的管理费用。

开发间接费用的明细分类核算，一般要按所属内部独立核算单位设置"开发间接费用明细分类账"，将发生的开发间接费用按明细项目分栏登记。

4.5.2　开发间接费用的分配

开发间接费用属于直接开发房地产而发生的费用，但是由于开发产品类型较多，则所发生的费用不能确定应由哪项开发产品负担，无法将其直接计入各项开发产品成本，故应将其先计入开发间接费用归集，最终分配计入各项开发产品成本。开发间接费用通常可以根据管理要求进一步分为工程管理费、项目营销设施建造费、物业管理完善费等。

开发间接费用可按建筑面积法进行分配，如果认为其他分配方法更合理，也可以采用其他分配方法。

每月终了，应对开发间接费用进行分配，按实际发生数计入有关开发产品的成本。开发间接费用的分配方法，企业可根据开发经营的特点自行确定。不论土地开发、房屋开发、配套设施和代建工程，均应分配开发间接费用。为了简化核算手续并防止重复分配，对应计入房屋等开发成本的自用土地和不能有偿转让的配套设施的开发成本，均不分配开发间接费用。这部分开发产品应负担的开发间接费用，可直接分配计入有关房屋开发成本。也就是说，企业内部独立核算单位发生的开发间接费用，可仅对有关开发房屋、商品性土地、能有偿转让配套设施及代建工程进行分配。开发间接费用的分配标准，可按月份内各项开发产品实际发生的直接成本（包括土地征用及拆迁补偿费或批租地价、前期工程费、基础设施费、建筑安装工程费、配套设施费）进行，即：

某项开发产品分配的开发间接费＝月份内该项开发产品实际发生的直接成本×本月实际发生的开发间接费用÷各开发产品实际发生的直接成本总额

【例4-16】庆大房地产开发企业某内部独立核算单位在2×21年5月共发生了开发间接费用228万元，应分配开发间接费各开发产品实际发生的直接成本，见表4-9。

表 4-9　各项目直接成本

单位：万元

开发产品	直接成本	开发产品	直接成本
20 号楼	540	21 号楼	620
22 号楼	520	洗浴中心	360
23 号楼	490	商场	450
别墅	820	合计	3 800

根据上列公式，即可为各开发产品计算 5 月份应分配的开发间接费用：

20 号楼应分配的开发间接费用＝540×（228÷3 800×100％）

＝32.4（万元）

21 号楼应分配的开发间接费用＝620×（228÷3 800×100％）

＝37.2（万元）

22 号楼应分配的开发间接费用＝520×（228÷3 800×100％）

＝31.2（万元）

23 号楼应分配的开发间接费用＝490×（228÷3 800×100％）

＝29.4（万元）

别墅应分配的开发间接费用＝820×（228÷3 800×100％）＝49.2（万元）

洗浴中心应分配的开发间接费用＝360×（228÷3 800×100％）

＝21.6（万元）

商场应分配的开发间接费用＝450×（228÷3 800×100％）＝27（万元）

根据计算，编制开发间接费用分配表，见表 4-10。

表 4-10　开发间接费用分配表

2×21 年 5 月

单位：万元

开发项目编号名称	直接成本	分配开发间接费
20 号楼	540	32.4
21 号楼	620	37.2
22 号楼	520	31.2

开发项目编号名称	直接成本	分配开发间接费
23 号楼	490	29.4
别墅	820	49.2
洗浴中心	360	21.6
商场	450	27
合计	3800	228

根据开发间接费用分配表，即可将各开发产品成本分配的开发间接费记入各开发产品成本核算对象的"开发间接费"成本项目，并将它记入"开发成本"各二级账户的借方和"开发间接费用"账户的贷方，作分录如下：

借：开发成本——房屋开发成本　　　　　　　　　　1 794 000

　　开发成本——配套设施开发成本（216 000＋27 000）

　　　　　　　　　　　　　　　　　　　　　　　486 000

　　　贷：开发间接费用　　　　　　　　　　　　2 280 000

【例 4-17】润耀房地产开发公司开发丽景园项目，一层为底商建筑面积20万平方米，一层以上为住宅建筑面积400万平方米。本月发生项目管理人员的工资140万元，固定资产的折旧费12万元，长期待摊费用100万元。

采用建筑面积分配方法如下：

底商应分摊：（140＋12＋100）÷（20＋400）×20＝12（万元）

住宅应分摊：（140＋12＋100）÷（20＋400）×400＝240（万元）

支付时：

借：开发间接费用——工资　　　　　　　　　　1 400 000

　　　　　　　　　——折旧费用　　　　　　　　120 000

　　　　　　　　　——办公费　　　　　　　　1 000 000

　　　贷：应付职工薪酬　　　　　　　　　　　1 400 000

　　　　　累计折旧　　　　　　　　　　　　　　120 000

　　　　　长期待摊费用　　　　　　　　　　　1 000 000

分摊时：

借：开发成本——底商——开发间接费用　　　　　120 000
　　　　　　——住宅——开发间接费用　　　　　2 400 000
　贷：开发间接费用——工资　　　　　　　　　　1 400 000
　　　　　　　——累计折旧　　　　　　　　　　120 000
　　　　　　　——办公费　　　　　　　　　　　1 000 000

第 5 章
房屋开发成本结转

　　房屋开发是房地产开发企业的主要经济业务，房屋开发是指城市各种房屋建设从可行性研究、规划设计、建筑安装到房屋建成竣工验收的全过程。房屋再开发是指对旧城区成片地进行更新改造，拆除原有的房屋建筑物，按规划设计要求重新建造各种房屋。房地产开发企业在房屋开发过程中发生的各项支出，应按房屋成本核算对象和成本项目进行归集。

5.1 房屋开发成本核算对象的确定

房地产开发企业确定房屋开发成本计算对象时，应考虑房屋开发内容、地点、用途、结构、施工方式、施工进度等因素，按照以下原则来确定：

（1）一般开发应以每一独立编制有设计概算和施工图预算的单项工程，即每栋独立的房屋作为成本计算对象。

（2）对于同一开发地点、开竣工时间相近、结构类型相同，并由同一施工队伍施工的群体开发项目，可以合并作为一个成本计算对象，待开发完成后，再将其实际总成本按每栋独立房屋概算、预算的比例进行分配，求得每栋房屋的开发成本。

（3）对于个别规模较大、工期较长的房屋开发项目，可以结合工程进度和责任制的要求，以房屋开发项目的各个部位作为成本计算对象，待开发完成后再将各部位的实际成本进行汇总，求得该栋房屋的开发成本。

5.1.1 房屋开发成本项目会计科目的设置

房屋开发成本作为开发产品成本的重要组成部分，其各成本项目具有与开发产品成本项目相同的内容，具体会计科目设置参考，见表5-1。

表 5-1　"开发产品"会计科目设置参考

序　号	总分类科目	二级科目	三级科目	四级科目
1405	开发产品			
140501	开发产品	土地开发产品		
140502	开发产品	商品房		

序　　号	总分类科目	二级科目	三级科目	四级科目
140503	开发产品	代建房		
140504	开发产品	周转房		
140505	开发产品	分期收款开发产品		
140506	开发产品	预售土地		
140507	开发产品	预售商品房		

房地产开发企业对已完成开发过程的商品房、周转房及投资性房地产，应在竣工验收以后将其开发成本结转"开发产品"账户。会计人员应根据房屋开发成本明细分类账记录的完工房屋实际成本，计入"开发产品——房屋"账户的借方和"开发成本——房屋开发"账户的贷方。

5.1.2　房屋开发成本的归集

房屋开发建设发生的各项成本费用支出，能够分清负担对象的，可以直接计入有关房屋开发成本核算对象；有些房屋开发费用发生时由多个成本核算对象共同负担，需按一定标准分配计入有关房屋开发成本核算对象。因此，房地产开发企业应根据不同的支出内容，采用相应的办法将房屋开发成本归集到各成本核算对象的成本项目。

1. 土地征用及拆迁补偿费的结转

房地产开发企业发生的土地征用及拆迁补偿费视能否区分负担对象等情况，有不同的归集方法，具体如下：

（1）能够分清负担对象的，应直接计入房屋开发成本核算对象的"土地征用及拆迁补偿费"成本项目，即借记"开发成本——房屋开发——土地征用及拆迁补偿费"账户，贷记"银行存款""应付账款"等账户。

（2）不能分清负担对象的，应先在"开发成本——土地开发"账户进行归集，待土地开发完成投入使用时，再按一定的分配方法将其计入有关房屋成本核算对象的"土地征用及拆迁补偿费"成本项目，即借记"开发成本——房屋开发"账户，贷记"开发成本——土地开发"账户。

（3）房地产开发企业开发完工的商品性建设场地，改变用途为房屋开发时，应将商品性建设场地的开发费用转入有关房屋成本核算对象的"土地征及拆迁补偿费"成本项目，即借记"开发成本——房屋开发"账户，贷记"开发产品——商品性土地"账户。

（4）房地产开发企业综合开发的土地，先通过"开发成本——土地开发"进行归集，待开发产品投入使用时，应按一定的标准分配房屋建筑物和商品性建设场地应负担的土地开发成本，即借记"开发成本——房屋开发""开发产品——商品性土地"账户，贷记"开发成本——土地开发"。

房地产开发企业将土地开发成本结转房屋开发成本时，应采用平行结转法，即土地开发成本项目中土地征用及拆迁补偿费应结转为房屋开发成本项目中的土地征用及拆迁补偿费。

2. 前期工程费的结转

房屋开发建设过程中发生的前期工程费，能分清成本核算对象的，应直接计入有关房屋开发成本核算对象的"前期工程费"成本项目，即借记"开发成本——房屋开发——前期工程费"账户，贷记"银行存款""应付账款"等账户；应由两个或两个以上成本核算对象共同负担的前期工程费，应按一定的标准分配计入有关房屋成本核算对象的"前期工程费"成本项目。

3. 建筑安装工程费的结转

房地产开发企业开发建设房屋，其建筑安装工程施工一般采用出包的方式，建筑安装工程支出应依据"工程结算单"，企业承付的已完工程价款确定，直接计入有关房屋开发成本核算对象的"建筑安装工程费"成本项目，根据施工单位提供的建安发票（注意：包含甲供材）即借记"开发成本——房屋开发——建筑安装工程费"账户，贷记"银行存款""应付账款""合同资产"等账户。

4. 基础设施费的结转

房屋开发建设过程中发生的基础设施费，能分清成本核算对象的，应直接计入有关房屋开发成本核算对象的"基础设施费"成本项目，借记"开发成本——房屋开发——基础设施费"账户，贷记"银行存款""应付账款"等账户；应由两个或两个以上成本核算对象共同负担的基础设施费，应按一定的标准分配计入有关房屋成本核算对象的"基础设施费"成本项目。

5. 开发间接费的结转

房地产开发企业在开发建设房屋过程中发生的各项间接费用，应先通过"开发间接费用"账户进行核算，期末，再按一定标准分配计入各有关开发产品成本。应由房屋开发成本负担的开发间接费用，应计入有关房屋开发成本核算对象的"开发间接费"成本项目，即借记"开发成本——房屋开发——开发间接费"账户，贷记"开发间接费用"账户。

5.2　房地产企业间接成本的分配方法

企业开发、建造的开发产品应按制造成本法进行计量与核算。

5.2.1　一般间接成本分配方法

应计入开发产品成本中的费用属于直接成本和能够分清成本对象的间接成本，直接计入成本对象，共同成本和不能分清负担对象的间接成本，应按受益的原则和配比的原则分配至各成本对象，具体分配方法可按以下规定选择其一：

1. 占地面积法

首先按照各期各楼号有产权的占地面积进行分摊；其次按照地上与地下（地下车库除外）各自的有产权可售面积在地上与地下之间进行分摊；最后按各业态有产权的可售面积在各业态间进行分摊。

占地面积可通过以下途径选择。

（1）政府规划审计部门在项目规划中测定的占地面积。

（2）根据项目规划自行测定的占地面积。

【例5-1】远大房地产开发有限公司中标宝丽区一宗土地XEW009号，占地面积为50 000平方米，土地购置成本为120亿元。其中，住宅楼基座占地面积为30 000平方米，写字楼基座占地面积为6 000平方米，物业管理用房占地1 000平方米，地上车位占地面积为3 000平方米。小区围墙、供水设备、供气设施、配套设施、绿地、道路等占地面积为 10 000 平方米。计算各类开发产品需要分配的土地成本金额。

小区围墙、供水设备、供气设施、配套设施、绿地、道路等占地面积成本已经由各个成本对象分别按比例负担，不再单独分配土地成本。

住宅应分配的土地成本＝30 000÷40 000×120＝90（亿元）

写字楼应分配的土地成本＝6 000÷40 000×120＝18（亿元）

物业管理用房应分配的土地成本＝1 000÷40 000×120＝3（亿元）

地上车位应分配的土地成本＝3 000÷40 000×120＝9（亿元）

2. 建筑面积法

建筑面积法是指按已动工开发成本对象建筑面积占开发用地总建筑面积的比例进行分配。

备注：总建筑面积＝开发产品可售面积＋开发产品不可售面积

（1）一次性开发的，按某一成本对象建筑面积占全部成本对象建筑面积的比例进行分配。

（2）分期开发的，首先按照期内成本对象建筑面积占开发用地计划建筑面积比例进行分配，然后再按某一成本对象建筑面积占期内成本对象总建筑面积的比例进行分配。

【例 5-2】 潇湘房地产开发公司有一块土地，分两期开发。现支付工程招标代理服务费 30 万元。第一期开发的建筑面积为 14 万平方米，第二期开发的建筑面积为 16 万平方米。

按照建筑面积对土地出让金进行费用分摊。

一期应分摊的工程招标费＝30÷（14＋16）×14＝14（万元）

二期应分摊的工程招标费＝30÷（14＋16）×16＝16（万元）

3. 直接成本法

直接成本法指按期内某一成本对象的直接开发成本占期内全部成本对象直接开发成本的比例进行分配。

4. 预算造价法

按期内某一成本对象预算造价占期内全部成本对象预算造价的比例进行分配。

备注：属于多个房地产项目共同的成本费用，应按清算项目可售建筑面积占多个项目可售总建筑面积的比例或其他合理的方法，计算确定清算项目的扣除金额。

【例 5-3】 南亚房地产有限公司在一块 25 000 平方米的土地上进行房地产开发，取得土地使用权支付的出让金为 90 000 万元。公司在这块土地上建造了两幢楼，一幢为写字楼，占地面积（包括周围的道路和绿化）4 000 平方米，建筑面积为 15 000 平方米；一幢为公寓，占地面积 9 000 平方米，建筑面积 16 000 平方米。公寓的经营配套设施中游泳池占地面积 400 平方米、建筑面积 500 平方米。公寓已出售 75％，写字楼尚未转让。

（1）公寓应分摊的土地出让金为：

公寓应分摊的土地出让金＝9 000×（90 000÷25 000）＝32 400（万元）

（2）按照可售与不可售面积确认公寓应分摊的土地出让金为：

公寓不可售面积分摊的土地出让金＝400×（90 000÷25 000）＝1 440（万元）

公寓可售面积分摊的土地出让金＝32 400－1 440＝30 960（万元）

（3）本期公寓销售部分应分摊的土地出让金为：

本期公寓销售部分应分摊的土地出让金＝30 960×75％＝23 220（万元）

5.2.2 几项特殊成本费用的分配方法

企业下列成本应按以下方法进行分配：

（1）土地成本，一般按占地面积法进行分配。如果确需结合其他方法进行分配的，应商税务机关同意。

土地开发同时联结房地产开发的，属于一次性取得土地分期开发房地产的情况，其土地开发成本经商税务机关同意后可先按土地整体预算成本进行分配，待土地整体开发完毕再行调整。

（2）单独作为过渡性成本对象核算的公共配套设施开发成本，应按建筑面积法进行分配。

（3）借款费用属于不同成本对象共同负担的，按直接成本法或按预算造价法进行分配。

（4）其他成本项目的分配法由企业自行确定。

除以下几项预提（应付）费用外，计税成本均应为实际发生的成本。

（1）出包工程未最终办理结算而未取得全额发票的，在证明资料充分的前提下，其发票不足金额可以预提，但最高不得超过合同总金额的10%。

（2）公共配套设施尚未建造或尚未完工的，可按预算造价合理预提建造费用。此类公共配套设施必须符合已在售房合同、协议或广告、模型中明确承诺建造且不可撤销，或按照法律法规规定必须配套建造的条件。

（3）应向政府上交但尚未上交的报批报建费用、物业完善费用可以按规定预提。物业完善费用是指按规定应由企业承担的物业管理基金、公建维修基金或其他专项基金。

企业单独建造的停车场所，应作为成本对象单独核算。利用地下基础设施形成的停车场所，作为公共配套设施进行处理。

【例5-4】博亚房地产有限公司开发甲商品房、乙商品房，2×21年度共发生下列支出：

（1）1月，用银行存款支付征地拆迁费9 000万元，其中甲商品房应负担5 000万元，乙商品房应负担4 000万元；

（2）4月，用银行存款支付承包设计单位设计费120万元，其中甲商品房的设计费70万元，乙商品房的设计费50万元；

（3）6月，用银行存款支付承包施工企业基础设施工程款为240万元，其中甲商品房应负担的工程款为100万元，乙商品房应负担的工程款为140万元；

（4）8月，根据工程结算单，应付甲承包施工企业建筑安装工程款3 500万元，其中甲商品房应负担的工程款为1 800万元，乙商品房应负担的工程款为1 700万元；

（5）根据小区内建设一公共配套水塔，工程款为150万元，其中应由甲商品房负担的水塔配套设施费为100万元，乙商品房负担的水塔配套设施费为50万元；

（6）9月，共发生开发间接费用70万元，其中应由甲商品房负担40万元，应由乙商品房负担30万元；

（7）假设小区内还有一公共配套未完工，经主管部门同意用其预算成本30万元。

根据上述资料，处理以下业务。

①根据有关部分规划（拆迁）批准文件，凭借双方签订的拆迁补偿合同和收款收据及银行付款凭据，博亚地产公司应作以下账务处理：

借：开发成本——房屋开发——土地征用及拆迁补偿费（甲商品房）

50 000 000

——土地征用及拆迁补偿费（乙商品房）

40 000 000

贷：银行存款 90 000 000

②根据上述资料（2），依据结算单及设计发票和银行付款凭据，博亚房地产有限公司应做以下账务处理：

借：开发成本——房屋开发——前期工程费（甲商品房）

700 000

——前期工程费（乙商品房）

500 000

贷：银行存款 1 200 000

③根据上述资料（3），依据结算单及建筑发票和银行付款凭据，博亚房地产有限公司应做以下财务处理：

借：开发成本——房屋开发——基础设施费（甲商品房）

1 000 000

——基础设施费（乙商品房）

1 400 000

贷：银行存款 2 400 000

④根据上述资料（4），依据结算单和建筑发票，博亚房地产有限公司应做以下账务处理：

借：开发成本——房屋开发——建筑安装工程费（甲商品房）

18 000 000

———建筑安装工程费（乙商品房）

            17 000 000

 贷：应付账款——应付工程款（甲施工单位）35 000 000

 ⑤根据上述资料（5），依据公共配套（水塔）计算分配表，博亚房地产有限公司应做以下财务处理：

  借：开发成本——房屋开发——公共配套设施费（甲商品房）

            1 000 000

      ———公共配套设施费（乙商品房）

            500 000

  贷：开发成本——配套设施开发——水塔 1500 000

 ⑥根据上述资料（6），依据开发间接费用分配表，博亚房地产有限公司应做以下账务处理：

  借：开发成本——房屋开发——开发间接费（甲商品房）

            400 000

      ———开发间接费（乙商品房）

            300 000

  贷：开发间接费用   700 000

 同时，应将各项房屋开发支出分别计入各有房屋开发成本明细分类账。

 ⑦依据开发产品结转明细表，应将完工验收的商品房的开发成本结转"开发产品"账户的借方。博亚房地产有限公司应做以下账务处理：

 甲商品房总成本＝5 000＋70＋100＋1 800＋100＋40＝7 110（万元）

  借：开发产品——甲商品房   71 100 000

   贷：开发成本——房屋开发（甲商品房） 71 100 000

 乙商品房总成本＝4 000＋50＋140＋1700＋50＋30＝5 970（万元）

  借：开发产品——乙商品房   59 700 000

   贷：开发成本——房屋开发（乙商品房） 59 700 000

 ⑧甲商品房完工后直接用于出租，假定按成本模式核算，结转其实际成本。

  借：投资性房地产——甲商品房   71 100 000

贷：开发产品——房屋开发（甲商品房）　　　　　71 100 000

【例 5-5】 宏大房地产开发有限公司（以下简称"宏大地产公司"）在福州市罗源县开发写字楼和住宅，总占地面积 80 000 平方米，容积率为 2.6，建设面积为 50 000 平方米。其中写字楼 20 000 平方米，住宅 30 000 平方米。

2×21 年度，共发生了下列有关开发支出：

（1）1 月，用银行存款支付土地征用及拆迁补偿费 5 000 万元，契税 150 万元。测算出写字楼占地 20 000 平方米，住宅占地 30 000 平方米。

在商品房竣工验收前，未达到结转收入成本的条件时，土地成本存在于资产负债表的存货中。应该按照占地面积法分配写字楼和住宅的土地成本。

写字楼应分配的土地征用及拆迁补偿费＝5 150×（20 000÷50 000）＝2 060（万元）

住宅应分配的土地征用及拆迁补偿费＝5 150×（30 000÷50 000）＝3 090（万元）

根据有关部分规划（拆迁）批准文件，凭借双方签订的拆迁补偿合同和收款收据及银行付款凭据，账务处理如下：

借：开发成本——土地征用及拆迁补偿费——写字楼

　　　　　　　　　　　　　　　　　　　20 600 000

　　　　——土地征用及拆迁补偿费——住宅

　　　　　　　　　　　　　　　　　　　30 900 000

　　贷：银行存款　　　　　　　　　　　51 500 000

（2）2 月，用银行存款支付设计费 200 万元。

设计费一般是按照建筑面积法为单位收费的，其中：

写字楼分摊的设计费＝200×（20 000÷50 000）＝80（万元）

住宅分摊的设计费＝200×（30 000÷50 000）＝120（万元）

依据结算单、设计发票和银行付款凭据，账务处理如下：

借：开发成本——前期工程费（写字楼）　　　800 000

　　　　——前期工程费（住宅）　　　　　1 200 000

　　贷：银行存款　　　　　　　　　　　　2 000 000

（3）3 月，用银行存款支付承包施工企业基础设施费为 250 万元。

基础设施费一般是按照建筑面积法进行分配成本的，其中：

写字楼应负担的基础设施费＝250×（20 000÷50 000）＝100（万元）

住宅应负担的基础设施费＝250×（30 000÷50 000）＝150（万元）

依据结算单、建筑发票和银行付款凭据，财务处理如下。

借：开发成本——基础设施费（写字楼）　　　　　1 000 000

　　　　——基础设施费（住宅）　　　　　　1 500 000

　　贷：银行存款　　　　　　　　　　　　　　　　　　2 500 000

（4）10月，根据工程结算单，应付光明承包施工企业建筑安装工程款4 000万元，根据甲乙双方签订的施工合同，设计要求施工，经双方最终决算确认或经造价师事务所二审定案，写字楼应负担的工程款为1 800万元，住宅应负担的工程款为2 200万元。

依据结算单和建筑发票，宏大地产公司应做以下账务处理：

借：开发成本——建筑安装工程费（写字楼）　　　18 000 000

　　　　——建筑安装工程费（住宅）　　　　22 000 000

　　贷：应付账款——应付工程款（甲施工单位）　　　40 000 000

（5）根据小区内建设变电所，成本120万元。

公共配套费一般按照建筑面积法分配，其中：

应由写字楼负担的变电所配套设施费＝120×（20 000÷50 000）

　　　　　　　　　　　　　　　　　　＝48（万元）

住宅负担的变电所配套设施费＝120×（30 000÷50 000）＝72（万元）

宏大地产公司应做以下财务处理：

借：开发成本——公共配套设施费（写字楼）　　　　480 000

　　　　——公共配套设施费（住宅）　　　　　720 000

　　贷：开发成本——配套设施开发——变电所　　　　1 200 000

（6）12月，共发生开发间接费用70万元。

开发间接费一般按照建筑面积法分配成本，其中：

应由写字楼负担开发间接费用＝70×（20 000÷50 000）＝28（万元）

应由住宅负担开发间接费用＝70×（30 000÷50 000）＝42（万元）

依据开发间接费用分配表，账务处理如下：

借：开发成本——开发间接费（写字楼）　　　　　　　280 000

　　　　　　　——开发间接费（住宅）　　　　　　　420 000

　　贷：开发间接费用　　　　　　　　　　　　　　　　700 000

（7）12月，发生贷款利息1000万元，全部用到本项目建设中，应该资本化处理。

对于利息支出，根据预算造价法进行成本对象的再分配是比较合理的。其中：

写字楼的预算造价＝2 060＋80＋100＋1 800＋48＋28＝4 116（万元）

住宅的预算造价＝3 090＋120＋150＋2 200＋72＋42＝5 674（万元）

写字楼应分配的利息支出＝1 000×［4 116÷（4 116＋5 674）］

＝1 000×（4 116÷9 790）

＝420（万元）

住宅应分配的利息支出＝1 000－420＝580（万元）

根据利息单据，账务处理如下。

借：开发成本——利息支出（写字楼）　　　　　　　4 200 000

　　　　　　　——利息支出（住宅）　　　　　　　5 800 000

　　贷：银行存款　　　　　　　　　　　　　　　　10 000 000

注意：平时的利息支付直接进入开发成本——利息支出，不用每笔结转到写字楼和住宅，到结转成本时再按照预算造价法分配到写字楼和住宅的成本中去。

依据开发产品结转明细表，应将完工验收的商品房的开发成本结转"开发产品"账户的借方。

（8）竣工后结转成本，账务处理如下。

借：开发产品——写字楼　　　　　　　　　　　　　45 360 000

　　贷：开发成本——土地征用及拆迁补偿费（写字楼）

　　　　　　　　　　　　　　　　　　　　　　　　20 600 000

　　　　　　——前期工程费（写字楼）　　　　　　　800 000

　　　　　　——基础设施费（写字楼）　　　　　　1 000 000

　　　　　　——建筑安装工程费（写字楼）　　　　18 000 000

	——公共配套设施费（写字楼）	480 000
	——开发间接费（写字楼）	280 000
	——利息支出（写字楼）	4 200 000

借：开发产品——住宅　　　　　　　　62 540 000

贷：开发成本——土地征用及拆迁补偿费（住宅）

　　　　　　　　　　　　　　　　　　30 900 000

　　　　　　——前期工程费（住宅）　　 1 200 000

　　　　　　——基础设施费（住宅）　　 1 500 000

　　　　　　——建筑安装工程费（住宅）22 000 000

　　　　　　——公共配套设施费（住宅）　720 000

　　　　　　——开发间接费（住宅）　　　420 000

　　　　　　——利息支出（住宅）　　　5 800 000

写字楼单位成本＝45 360 000÷8 000＝5 670（元/米²）

住宅单位成本＝62 540 000÷12 000＝5 211.67（元/米²）

5.3　公共配套设施开发成本的核算

　　房地产开发企业开发的配套设施，可以分为以下两类：一类是不能有偿转让的公共配套设施，如水塔、锅炉房、居委会、派出所、消防、幼托、自行车棚等；另一类是能有偿转让的城市规划中规定的大配套设施项目，如商店、银行、邮局等。

5.3.1　公共配套设施开发成本核算对象的确定

　　一般说来，对能有偿转让的大配套设施项目，应以各配套设施项目作为成本核算对象，借以正确计算各设施的开发成本。对这些配套设施的开发成本应设置如下六个成本项目：①土地征用及拆迁补偿费或批租地价；②前期工程费；③基础设施费；④建筑安装工程费；⑤配套设施费；⑥开发间接费。其中配套设施费项目用以核算分配的其他配套设施费。因为要使这些设施投入运转，有的也需要其他配套设施为其提供服务，所以理应分配为其服务的有关设施的开发成本。

对不能有偿转让、不能直接计入各成本核算对象的各项公共配套设施，如果工程规模较大，可以各项配套设施作为成本核算对象。如果工程规模不大，与其他项目建设地点较近，开竣工时间相差不多，并由同一施工单位施工的，也可考虑将它们合并作为一个成本核算对象，于工程完工后，按照各项目的预算成本或计划成本的比例，计算配套设施的开发成本，再按一定标准，将各配套设施开发成本分配记入有关房屋等开发成本。在核算时一般可仅设置如下四个成本项目：①土地征用及拆迁补偿费或批租地价；②前期工程费；③基础设施费；④建筑安装工程费。由于这些配套设施的支出需由房屋等开发成本负担，为简化核算手续，对这些配套设施，可不再分配其他配套设施支出。它本身应负担的开发间接费用，也可直接分配计入有关房屋开发成本。因此，对这些配套设施，在核算时也就可不必设置配套设施费和开发间接费两个成本项目。

企业发生的各项配套设施支出，应在"开发成本——公共配套设施开发成本"账户进行核算，并按成本核算对象和成本项目进行明细分类核算。对发生的土地征用及拆迁补偿费或批租地价、前期工程费、基础设施费、建筑安装工程费等支出，可直接记入各配套设施开发成本明细分类账的相应成本项目，并记入"开发成本——配套设施开发成本"账户的借方和"银行存款""应付账款——应付工程款"等账户的贷方。

5.3.2　预提公共配套设施费的核算

对配套设施与房屋等开发产品不同步开发，或房屋等开发完成等待出售或出租，而配套设施尚未全部完成的，经批准后可按配套设施的预算成本或计划成本，预提配套设施费。开发产品预提的配套设施费的计算，一般可按以下公式计算：

某项开发产品预提的配套设施费＝该项开发产品预算成本（或计划成本）×配套设施费预提率

配套设施费预提率＝该配套设施的预算成本（或计划成本）÷应负担该

配套设施费各开发产品的预算成本（或计划成本）合计数×100%

上式中，应负担配套设施费的开发产品一般应包括开发房屋、能有偿转让的大配套设施。

【例5-6】辉华房地产开发有限公司在蔷薇园内承建社区门诊开发成本应由101、102、103、104号商品房和大型配套设施商店负担。由于幼托设施在商品房等完工出售、出租时尚未完工，为了及时结转完工的商品房等成本，应先将幼托设施配套设施费预提计入商品房等的开发成本。假定各项开发产品和幼托设施的预算成本，见表5-2。

表5-2　配套设施成本分配表　　　　　　　　单位：万元

101号商品房	3 000
102号商品房	4 000
103号商品房	5 000
104号商品房	4 000
门诊	800
合计	16 800

则社区门诊配套设施费预提率＝800÷（3 000＋4 000＋5 000＋4 000）×100%＝5%

各项开发产品预提社区门诊配套设施费为：

101商品房＝3 000×5%＝150（万元）

102商品房＝4 000×5%＝200（万元）

103商品房＝5 000×5%＝250（万元）

104商品房＝4 000×5%＝200（万元）

预提门诊公共配套设施费会计分录如下。

借：开发成本——101号商品房——公共配套设施费

1 500 000

——102号商品房——公共配套设施费

2 000 000

　　　　　　——103号商品房——公共配套设施费

　　　　　　　　　　　　　　　　　　　　　　　2 500 000

　　　　　　——104号商品房——公共配套设施费

　　　　　　　　　　　　　　　　　　　　　　　2 000 000

　　贷：应付账款——预提费用（门诊开发成本）　　8 000 000

　　按预提率计算各项开发产品的配套设施费时，其与实际支出数的差额，应在配套设施完工时，按预提数的比例，调整增加或减少有关开发产品的成本。

5.3.3　营利性公共配套设施的核算

　　营利性公共配套设施是指能有偿转让的城市规划中规定的大配套设施项目以及属于营利性的，或产权归开发商所有的，或无偿赠予地方政府、公用事业单位以外其他单位的公共配套设施如：商店、银行、邮局等。除企业自用应按建造固定资产进行处理外，其他一律按建造开发产品进行处理计入"开发成本——营利性——公共配套设施"。开发产品能够对外经营销售的，应作为独立的计税成本对象进行成本核算；不能对外经营销售的，可先作为过渡性成本对象进行归集，然后再将其相关成本摊入能够对外经营销售的成本对象。

　　【例5-7】方圆房地产开发企业根据福鑫家园建设规划要求，负责建设一座超市、一所幼儿园和一座体育中心。上述设施均发包给施工企业，其中超市建成后，有偿转让给商业部门。幼儿园和体育中心的开发支出按规定计入有关开发产品的成本。幼儿园与商品房等同步开发，体育中心与商品房等不同步开发。上述各配套设施共发生了下列有关支出，见表5-3。

表5-3　各项费用支出　　　　　　　　　　　　单位：元

项　目	超市	幼儿园	体育中心	合计
支付征地拆迁费	200 000	400 000	600 000	1 200 000
应付承包设计单位前期工程款	350 000	700 000	250 000	1300 000
应付承包施工企业基础设施工程款	340 000	620 000	440 000	1 400 000

项　目	超市	幼儿园	体育中心	合计
应付承包施工企业建筑安装工程款	280 000	220 000	300 000	800 000
分配开发间接费	90 000	—	—	90 000
合计	1 260 000	1 940 000	1 590 000	4 790 000

由于超市是营利性公共配套设施，因此，应对超市进行单独成本核算。

借：开发成本——超市——征地拆迁费　　　　　　200 000

　　　　　——超市——前期工程费　　　　　　350 000

　　　　　——超市——基础设施工程费　　　　340 000

　　　　　——超市——建筑安装工程费　　　　280 000

　　　　　——超市——开发间接费用　　　　　90 000

　　贷：应付账款　　　　　　　　　　　　　12 600 000

接上例，幼儿园为非营利性公共配套设施，建成后无偿移交民政部门，则在项目竣工后，将幼儿园发生的开发成本1 940 000元，在超市和体育中心之间进行分摊，采用建筑面积法分摊。假设超市建筑面积500平方米，体育中心1 500平方米。

超市应分摊幼儿园开发成本金额＝1 940 000×500÷（500＋1 500）＝485 000（元）

体育中心应分摊幼儿园开发成本金额＝1 940 000×1 500÷（500＋1 500）＝1 455 000（元）

会计分录如下。

借：开发成本——超市——公共配套设施费　　　485 000

　　　　　——体育中心——公共配套设施费　　1 455 000

　　贷：开发成本——幼儿园——征地拆迁费　　400 000

　　　　　——幼儿园——前期工程费　　　　　700 000

　　　　　——幼儿园——基础设施工程费　　　620 000

　　　　　——幼儿园——建筑安装工程费　　　220 000

5.3.4　非营利性公共配套设施的核算

非营利性公共配套设施是指房屋开发过程中，根据有关规定，其产权及收益权不属于开发商，开发商不能有偿转让，也不能转作自留固定资产的公共配套设施，如：水泵房、变电所、居委会、派出所、岗亭、儿童乐园、自行车棚、凉亭等。为了正确核算和反映企业开发建设中各种非营利性配套设施所发生的支出，可分为：

1. 作为成本对象的公共配套设施的会计核算

通过开发成本→具体成本对象→公共配套设施科目归集，期末按一定分配标准分配给各受益对象，计入开发成本或在建工程等。

2. 不作为成本对象的公共配套设施的会计核算

对于只为一个单体开发项目服务的，造价较低的配套设施，发生的开发费用直接计入单体开发项目的成本。

借：开发成本——具体成本对象

　　贷：银行存款等

5.3.5　公共配套设施涉税处理

1. 公共配套设施项目有偿转让应计销售额

纳税人开发建造的与清算项目配套的居委会和派出所用房、会所、停车场（库）、物业管理场所、变电站、热力站、水厂、文体场馆、学校、幼儿园、托儿所、医院、邮电通信等公共设施，建成后有偿转让的，应计算收入，并准予扣除成本、费用。

2. 房地产开发企业土地价款扣除范围

房地产开发企业中的一般纳税人，销售其开发的房地产项目（选择适用简易计税方式的除外），单独作价销售的配套设施，例如幼儿园、会所等项目，其销售额可以扣除该配套设施所对应的土地价款。

【例5-8】景瑞房地产开发有限公司取得的编号为XI3455号地块，支付土地出让金8 720万元。经开发，将公共配套设施娱乐会所对外出售，建筑面积 2 000 平方米，该地块总体可供出售建筑面积为 100 000 平方米，该会所售价合计为 872 万元。

计算增值税如下：

（1）计算当期允许扣除的土地价款

（2 000÷100 000）×8 720＝174.40（万元）

（2）计算当期销售额

（872—174.40）÷（1＋9％）＝640（万元）

销项税额＝640×9％＝57.60（万元）

需要注意的是，房地产企业将建设的医院、幼儿园、学校、供水设施、变电站、市政道路等配套设施无偿赠送（移交）给政府的，如果上述设施在可售面积之外，作为无偿赠送的服务用于公益事业，不视同销售；如果上述配套设施在可售面积之内，则应视同销售，征收增值税。

5.4 项目营销设施的核算

售楼部、样板间、接待中心、展台、展位等可以作为开发产品、临时设施等核算。

5.4.1 作为开发产品核算

利用开发完成或部分完成的楼宇内的商品房装修装饰后使用的营销设施楼宇之内的商品房临时作为售楼部、样板间使用，因其本身即属于特定的成本对象，所以其建造成本按照正常的开发产品核算，其装修装饰费用若不能判断未来是否可以随同商品房主体一并出售，则归属于开发间接费用核算。

当样板间与其他商品房一起竣工验收时，从"开发成本"转入"开发产品"科目。当样板间转作自用时，其成本从"开发产品"转入"固定资产"。

当样板间销售结转收入和成本时其成本从"开发产品"转入"主营业务成本"。

当样板间未来出租时，其成本从"开发产品"转入"投资性房地产"。

【例 5-9】天通世衡房地产开发公司在开发的 A 小区某栋楼宇间开设样板间，建造成本 43.60 万元，装饰装修后对外开放，样板间装饰装修支出 9 万元。

解析：建造成本 43.60 万元计入该套样板间"开发成本"，装饰装修费用 9 万元能够判断未来随同该套商品房一并出售，可以计入该套样板间"开发成本"，否则计入"开发间接费用"核算。

5.4.2 作为临时设施使用

1. 利用开发小区内楼宇之外的明显位置建造临时设施作为营销设施使用

作为售楼部、样板间使用的临时设施，按照《企业会计准则》，其发生的建设成本及装修费用在"在建工程"科目核算。完工后，其成本从"在建工程"转入"开发间接费用"，如果非自用或出租，也可以直接计入"开发间接费用"核算。

2. 利用开发小区内的配套设施装修装饰后作为营销设施临时使用

房地产企业除利用开发的商品房、临时建筑作为营销设施之外，比较多见的还有利用开发小区之内的规划建造的会所、物业场所在销售阶段作为项目的营销设施使用，这种类型的营销设施其最终用途是小区规划设计已经确定的，即便临时作为项目营销设施使用，也不可以直接计入开发间接费用核算，而需要根据《房地产开发经营业务企业所得税处理办法》规定。

（1）属于非营利性且产权属于全体业主的，或无偿赠予地方政府、公用事业单位的，可将其视为公共配套设施，其建造费用按公共配套设施费的有关规定进行处理。

（2）属于营利性的，或产权归企业所有的，或未明确产权归属的，或无偿赠予地方政府、公用事业单位以外其他单位的，应当单独核算其成本。除企业自用应按建造固定资产进行处理外，其他一律按建造开发产品进行处理。

售楼部利用会所作为营销设施，会计和税务处理就要根据以上的规定区分该会所的建造性质分别适用不同的方式：

（1）如果该会所属于不能有偿转让的公共配套设施，例如产权归全体业主所有，则该会所的建造费用计入公共配套设施费进行会计处理。

（2）如果该会所属于未来出售转让的公共配套设施，则将该会所视为独立开发产品和成本计算单位，按照开发成本的具体成本项目设置会计科目时行明细分类核算。销售时按销售不动产征收相应的城市维护建设税、教育费附加、企业所得税、土地增值税、印花税等。

（3）如果该会所建造企业自用，则成本通过"在建工程"归集，完工后转入"固定资产"或"投资性房地产"科目。

3. 开发小区之外的人口活跃密集区设置的销售网点等营销设施的会计处理

开发小区之外的人口活跃密集区设置项目展示区、接待处、售楼部等。这些设施有可能是房地产企业租入使用，也有可能为自建行为。对于销售环节在项目小区之外的营销设施方面发生的成本费用，无论税务处理还是会计处理，都应当通过销售费用反映。如果属于企业自建构成的固定资产，由此计提的折旧计入销售费用处理。

第6章
房地产企业销售收入的核算

"新收入准则"可以根据合同履约进度确认。实务中，房地产企业具体是按履约时点确认还是按履约进度确认，需要结合销售合同的条款、销售流程、房地产销售相关法律法规等进行综合判断。

6.1 "新收入准则"具体运用

"新收入准则"确认收入的流程遵循"五步法"实施：

第1步 识别与客户订立的合同　第2步 识别合同中的单项履约义务　第3步 确定交易价格　第4步 将交易价格分摊至各单项履约义务　第5步 履行每一单项履约义务时确认收入

6.1.1　识别合同

"新收入准则"所称"合同"，是指双方或多方之间设立有法律约束力的权利义务的协议，应当满足下列条件：

（1）合同各方已批准该合同并承诺将履行各自义务；

（2）该合同明确合同各方的权利和义务；

（3）该合同有明确的付款条件；

（4）该合同具有商业实质，即该合同将改变企业未来现金流量的风险、时间和金额；

（5）企业很可能收回因向客户转让商品（或提供服务）而有权取得的对价。

6.1.2　合同合并

企业与同一客户（或该客户的关联方）同时订立或在相近时间内先后订立的两份或多份合同，在满足下列任一条件时应当合并为一份合同进行会计处理：

（1）这些合同基于共同的商业目的并为一揽子交易而订立；

（2）其中一份合同的对价金额取决于其他合同的定价或履约情况；

（3）这些合同中所承诺的商品或服务（或每份合同中所承诺的部分商品或服务）构成单项履约义务。

履约义务，是指合同中企业向客户转让可明确区分商品（或服务）的承诺。履约义务既包括合同中明确的承诺，也包括由于企业的商业惯例、已公开承诺或已公开宣布的政策等导致合同订立时客户预期企业将履行的承诺。

单项履约义务，是指企业向客户转让一系列实质相同且转让模式相同的、可明确区分商品（或服务）的承诺。

6.1.3　履约义务的确认

履约义务为企业向客户转让可明确区分商品（或服务）的承诺。根据"新收入准则"，将履约义务分为两类：在一段时间内履行的履约义务；在某一时点履行的履约义务。

1. 在一段时间内履行的履约义务

满足下列任一条件，属于在一段时间内履行的履约义务：

（1）客户在企业履约的同时即取得并消耗企业履约所带来的经济利益；

（2）客户能够控制企业履约过程中在建的商品（或服务）；

（3）企业履约过程中所产出的商品（或服务）不具有可替代用途，并且在整个合同期间内该企业有权就迄今为止已完成的履约部分收取款项。

2. 在某一时点履行的履约义务

对于这类义务，企业应当在客户取得相关商品（或服务）控制权时点确认收入。下列迹象通常表明客户取得了商品（或服务）控制权：

（1）企业就该商品（或服务）享有现时收款权利；

（2）客户已拥有该商品（或服务）的法定所有权；

（3）客户已实物占有该商品（或服务）；

（4）企业已将商品（或服务）所有权上的主要风险和报酬转移给客户；

（5）客户已接受该商品（或服务）。

6.1.4　确定交易价格

新收入准则规定，交易价格是指企业因向客户转让商品（或提供服务）而预期有权收取的对价金额。合同标价并不一定代表交易价格，企业应当根据合同条款，并结合以往的习惯做法等确定交易价格。特殊对价类型包括：可变对价、重大融资成分、非现金对价、应付客户对价。

1. 可变对价

在销售合同中往往存在如折扣、价格折让、返利、退款、奖励积分、激励措施、业绩奖金、索赔、或有事项等形式的可变对价。应对其按最佳估计数来确定。

例如，甲房地产公司与业主 A 签订房屋出售合同，合同中约定房屋总价款 218 万元，一年后交房，如果届时不能交房，需要承担总价款 5% 的违约金。一年后，由于各种原因，该房地产公司延期交房。

甲房地产公司认为按照最可能发生金额能够更好地预测其有权获取的对价金额。因此，甲公司认为估计的交易价格为 218 万元，即为最可能发生的单一金额。每个资产负债表日，企业应当重新估计交易价格的可变对价金额。

2. 重大融资成分

房地产开发合同，以及复杂融资模式的建造合同，包括 BT、BOT、PPP 合同等。当合同中存在重大融资时，企业应当按照假定客户在取得商品或服务控制权时即以现金支付而需支付的金额确定交易价格。该交易价格与合同对价之间的差额，应当在合同期内采用实际利率法摊销。最常见的就是采用分期收款方式销售商品。

例如，2×20 年 1 月 1 日，甲公司采用分期收款方式向乙公司销售一套大型供电设备，合同约定的销售价格为 900 万元，分三次于 2×20 年至 2×22 年每年 12 月 31 日等额收取。该大型设备成本 700 万元。如果乙公司当期付全款，该大型设备销售价格为 850 万元。850 万元与合同对价 900 万元之间的差额 150 万元，乙公司应当在合同期内摊销。

3. 非现金对价

非现金对价指的是不以现金方式支付的代价，企业的非现金对价包括实物资产、无形资产、股权、客户提供的广告服务。公允价值能够合理估计，则非现金对价应以公允价值计量；公允价值不能合理估计，则企业应以承诺用于换取非现金对价的商品或服务的单独售价来间接计量非现金对价。

在以非现金形式的交易中，企业应当以合同开始日公允价值确定交易价格。合同开始日后，非现金对价的公允价值因对价形式而发生变动的，该变动金额不应计入交易价格。

例如，2×20 年 1 月 3 日，重阳房地产公司与润德上市公司签订售楼合同。合同约定，360 日内交付办公大楼，润德上市公司以 200 万股股票支付。1 月 3 日，润德上市公司股票为 48 元/股。2×20 年 1 月 2 日，重阳房地产公司将办公大楼交付给润德上市公司，获得 200 万股股票，此时股票价格 38 元。

合同开始日时的交易价格＝200×48＝9 600（万元）

4. 存在应付客户对价

企业应付客户对价是为了向客户取得其他可明确区分商品的，应当采用与本企业其他采购相一致的方式确认所购买的商品。企业应付客户对价超过向客户取得可明确区分商品公允价值的，超过金额应当冲减交易价格。向客户取得的可明确区分商品公允价值不能合理估计的，企业应当将应付客户对价全额冲减交易价格。

企业应付客户对价的，应当将应付对价冲减交易价格，并在确认相关收入与支付客户对价二者孰晚的时点冲减当期收入，但应付客户对价是为了向客户取得其他可明确区分商品的除外。

应付客户对价还包括可以抵减应付企业金额的相关项目金额，如优惠券、兑换券等。

6.2 商品房销售收入

根据现行的法律法规等有关规定，目前商品房销售分为商品房现售和商品房预售。

商品房现售，是指房地产开发企业将竣工验收合格的商品房出售给购房人，并由购房人支付房价款的行为。

商品房预售，是指房地产开发企业将尚未竣工验收、正在建设中的商品房预先出售给买受人，并由买受人支付定金或房价款的行为。

6.2.1 开发房屋用途分类

房地产开发企业开发建设的房屋用途可以分为五类：

（1）第一类是为销售而开发的商品房，开发完成以后将作为商品对外销售；

（2）第二类是为出租经营而开发建设的投资性房地产，出租时按照确定的成本结转投资性房地产；

（3）第三类是安置拆迁居民而开发建设的周转房，开发完成以后用于安置拆迁居民周转使用；

（4）第四类是企业接受其他单位委托代为开发建设的代建房；

（5）第五类自行建造的自用房屋。发生的工程成本应通过"在建工程"账户核算，工程完工达到预定可使用状态时，从"在建工程"账户转入"固定资产"账户，自建自用的房屋不做介绍。本章着重介绍房地产企业为销售而开发的商品房。

6.2.2　开发房屋完工条件

企业房地产开发经营业务包括土地的开发，建造、销售住宅、商业用房以及其他建筑物、附着物、配套设施等开发产品。除土地开发之外，其他开发产品符合下列条件之一的，应视为已经完工：

（1）开发产品竣工证明材料已报房地产管理部门备案。

（2）开发产品已开始投入使用。

（3）开发产品已取得了初始产权证明。

6.2.3　预售取得房款的核算

商品房达到当地政府规定的预售条件，取得《商品房预售许可证》后进行预售。房屋认购与预收款包括诚意金和房款。

（1）取得预售证前后收到客户认购款、诚意金、订金等。

根据收据、银行进账单、收款通知等原始单据，编制会计分录。

借：银行存款

　　贷：其他应付款——诚意金（认购金、定金）

【例6-1】宏大房地产有限公司为一般纳税人。2×21年2月14日，宏大房地产有限公司预售花溪小区第23、14号楼，取得订金52万元。根据收据、银行进账单等，会计处理如下。

借：银行存款　　　　　　　　　　　　　　520 000

　　贷：其他应付款——订金　　　　　　　　　520 000

（2）取得预售证且与业主签订购销合同之后，收到业主首付款及银行按揭款时确认预收款项。

预收商品房款指纳税义务发生时间即交房之前收取的款项，包括交房月之前月份收到的首付款和按揭款等，需要进行预缴增值税处理；交房当月收到的按揭款不属于预收款，不需要预缴增值税。

收到款项时，根据发票、银行进账单、业主退回定金收据等，会计处理如下。

借：银行存款
　　其他应付款——诚意金（认购金、定金）
　贷：合同负债——首付款——按揭回款
　　　应交税费——预交增值税

【例 6-2】2×21 年 3 月 14 日，宏大房地产有限公司预售花溪小区第 23、14 号楼，与业主签署合同后取得首付款 1 295.74 万元。2×21 年 4 月 14 日，本月需要预交上月预收款增值税 37.74 万元。根据发票、银行进账单等，会计处理如下。

借：银行存款　　　　　　　　　　　　　　　　　12 957 400
　贷：预收账款——首付款——按揭回款　　　　　12 580 000
　　　应交税费——预交增值税　　　　　　　　　　　377 400

编制预缴税款计算表，见表 6-1。

表 6-1　预缴税款计算表　　　　　　　　单位：万元

税种	缴费基数	计算公式	应纳税额
增值税	1 258	1 258×3%	37.74
城市维护建设税	37.74	37.74×7%	2.641 8
应交教育费附加	37.74	37.74×3%	1.132 2
应交地方教育费附加	37.74	37.74×2%	0.754 8

借：税金及附加　　　　　　　　　　　　　　　　　　45 288
　贷：应交税费——应交城市维护建设税　　　　　　　26 418
　　　　　　　　——应交教育费附加　　　　　　　　11 322
　　　　　　　　——应交地方教育费附加　　　　　　　7 548

次月申报时，对于预缴税金等原因导致报表日应交税费存在借方余额的，应重分类至其他流动资产在财务报表上列示。

借：应交税费——应交城市维护建设税　　　　　　　26 418

——应交教育费附加		11 322
——应交地方教育费附加		7 548
——预交增值税		377 400
贷：银行存款		422 688

6.3 房地产收入与成本确认

房地产开发企业取得"竣工综合验收合格证""住宅质量保证书""住宅使用说明书"及"测绘报告",且楼盘达到入住条件后,可向业主发放入住通知书,并办理入住手续及产权尾款事项。交房包括业主验收、确认产权尾款、结转销售收入、结转销售成本。

对于购房合同约定需要二次验收的情形,如果第二次验收合格与否第一次验收结果没有影响,则每一次验收合同后分别确认收入;应将总的销售金额按每一次验收所对应资产的公允价值的比例来分摊确认每一次验收的销售收入。如果第二次验收合格与否会影响第一次验收的结果,则应在第二次验收合格后一次性确认收入。

6.3.1 依据测绘面积计算

对于购房合同约定买毛坯送装修的情形,项目公司应分别确认毛坯房收入和装修费收入。应将总的销售金额按毛坯房和装修费的公允价值的比例确认毛坯房和装修费的销售收入。

依据测绘面积计算应交房款总额,对比已缴金额后确认产权尾款,并进行多退少补,见表 6-2。

表 6-2 依据测绘面积计算收入会计分录

核算时点	核算依据	测绘面积、发票等
业主验收时	补交房款	借：应收账款/银行存款等 贷：合同负债——售楼款——房产尾款
	退回多交房款	借：合同负债——售楼款——房产尾款 贷：其他应付款/银行存款等

核算时点	核算依据	测绘面积、发票等

办理入住（业主收房）时，依据测绘面积计算的房款、尾款收款（支付）单、出售房产发票等确认收入，同时结转成本	入住签认单（验房单）、发票、入住通知单、增值税专用发票、商品房购销合同或预售办理入住（业主收房）时商品房合同	借：合同负债——首付款
		        ——按揭回款
		        ——房产尾款
		  应收账款——售楼款
		  贷：主营业务收入

	成本计算表（依据已确认收入所对应的已售面积计算主营业务成本）	借：主营业务成本 贷：开发产品

1. 商品房合同面积与确权面积计算

商品房销售时，房地产开发企业和买受人应当订立书面商品房买卖合同。商品房买卖合同中应当明确面积差异的处理方式。

（1）按套（单元）计价。

按套内建筑面积或者建筑面积计价的，当事人应当在合同中载明合同约定面积与产权登记面积发生误差的处理方式。

合同未作约定的，按以下原则处理：

①面积误差比绝对值在3％以内（含3％）的，据实结算房价款；

②面积误差比绝对值超出3％时，买受人有权退房。买受人退房的，房地产开发企业应当在买受人提出退房之日起30日内将买受人已付房价款退还给买受人，同时支付已付房价款利息。买受人不退房的，产权登记面积大于合同约定面积时，面积误差比在3％以内（含3％）部分的房价款由买受人补足；超出3％部分的房价款由房地产开发企业承担，产权归买受人。产权登记面积小于合同约定面积时，面积误差比绝对值在3％以内（含3％）部分的房价款由房地产开发企业返还买受人；绝对值超出3％部分的房价款由房地产开发企业双倍返还买受人。

面积误差比＝（产权登记面积－合同约定面积）÷合同约定面积×100％

（2）按建筑面积计价。

按建筑面积计价的，当事人应当在合同中约定套内建筑面积和分摊的共有建筑面积，并约定建筑面积不变而套内建筑面积发生误差以及建筑面积与套内建筑面积均发生误差时的处理方式。

【例6-3】2×21年1月，皇冠房地产有限公司金色漫谷住宅项目销售面积结算表，见表6-3。

表6-3　金色漫谷住宅项目结算表

客户	房号	合同面积	销售单价	合同价款	确权面积	按确权面积计算的房款为	面积误差比	应结算价款	已经收款	结算差额
甲	203	50	9 810	490 500	60	588 600	20%			
乙	204	75	9 810	686 700	73	637 650	−4%			
合计				1 177 200		1 226 250				

甲客户，购买203室面积误差比为20%，超出3%，甲客户有权退房。但甲客户不退房，产权登记面积60平方米大于合同约定面积50平方米，面积误差比在3%以内（含3%）部分的房款由买受人补足，即（50×3%）×9 810＝14 715（元）；超出3%部分的房价款由房地产开发企业承担，即50×（20%−3%）×9 810＝83 385（元）。产权归甲客户所有。

含税销售收入＝490 500＋14 715＝505 215（元）

乙客户，面积误差比绝对值为4%，超出3%，乙客户有权退房。乙客户选择不退房，产权登记面积73平方米，小于合同约定面积75平方米，面积误差比绝对值在3%以内（含3%）部分房款由房地产开发企业返还乙客户，即75×3%×9 810＝22 072.50（元）；绝对值超出3%部分的房价款由房地产开发企业双倍返还乙客户，即75×（4%−3%）×9 810×2＝14 715（元）。房地产开发企业合计共需返还乙客户36 787.50（元）。

该公司确认含税销售收入＝686 700−36 787.50＝649 912.50（元）

【例6-4】2×22年5月1日，宏大房地产有限公司花溪小区第23、14号楼竣工，经验相关部门验收合格，可以交房。经测量，业主需要补交房款1 290 000元。根据测绘面积、发票等，假设不考虑相关税费，会计分录如下。

　　借：应收账款　　　　　　　　　　　　　　　　　1 290 000
　　　　贷：合同负债——售楼款——房产尾款　　　　　　　1 290 000

【例6-5】2×22年5月1日，宏大房地产有限公司花溪小区第23、14号楼竣工，结转成本以及确认收入，根据相关单据计算，收到首付款8 350万元，按揭回款23 470万元，房产尾款789万元，应收面积差款48万元。

借：合同负债——首付款   83 500 000

                ——按揭回款   234 700 000

                ——房产尾款   7 890 000

   应收账款——售楼款   480 000

贷：主营业务收入   326 570 000

第23、14号楼成本计算汇总表，见表6-4。

表6-4　成本计算表   单位：万元

项　　目	金　　额
土地出让金	4 240
土地征用及拆迁安置补偿费	860
前期工程费	320
基础设施建设费	250
建筑安装工程费	5 170
公共配套设施建设费	1 290
开发间接费	940
税金	1 120
其他	900
合计	15 090

借：主营业务成本   150 900 000

   贷：开发产品   150 900 000

2. 代收代付款项的核算

代业主办理权属证书、代收维修基金等代收代付款项，会计分录见表6-5。

表6-5　代收代付款项会计分录

核算时点	收到款项时
核算依据	收款收据等
账务处理	借：银行存款 　　贷：其他应付款

【例6-6】 接上例，代业主办理权属证书、代收维修基金等代收128万元。

借：银行存款   1 280 000

　　贷：其他应付款   1 280 000

3. 以土地价款抵减销项税额的账务处理

月末时，财务部门以土地价款抵减销项税额的账务处理，账务处理见表6-6。

表6-6　以土地价款抵减销项税额的账务处理

核算时点	期（月）末
核算依据	土地价款抵销台账及土地取得时土地出让金单据，省级以上（含省级）财政部门监（印）制的财政票据
账务处理	借：应交税费——应交增值税（销项税额抵减） 　　贷：主营业务成本

【例6-6】 宏大房地产有限公司花溪小区第23、14号楼土地出让金4 240万元，当期销售房地产项目建筑面积10 000平方米，可供销售建筑面积为20 000平方米。

土地价款抵减的销项税额＝支付的土地价款不含税金额×9%×（当期销售房地产项目建筑面积÷房地产项目可供销售建筑面积）

＝4 240×9%×（10 000÷20 000）＝190.80（万元）

借：应交税费——应交增值税（销项税额抵减）   1 908 000

　　贷：主营业务成本   1 908 000

相关政策

　　根据"财税〔2016〕36号文"以及国家税务总局2016年18号公告，从纳税义务发生时间的角度，房地产企业在全面"营改增"时有一个重大利好：收到预收款时候，不确认纳税义务。但是，一般纳税人应在取得预收款的次月纳税申报期向主管国税机关预缴3%的税款。

　　企业预缴增值税时，借记"应交税费——预交增值税"科目，贷记"银行存款"科目。月末，企业应将"预交增值税"明细科目余额转入"未交增值税"明细科目，借记"应交税费——未交增值税"明细科目，贷记

"应交税费——预交增值税"科目。房地产开发企业等在预缴增值税后，应直至纳税义务发生时方可从"应交税费——预交增值税"科目结转至"应交税费——未交增值税"科目。

会计上可以这么处理：

（1）收到预收款时。

借：银行存款

    贷：应交税费——预交增值税

        合同负债

（2）次月预缴预收款增值税时。

借：应交税费——预交增值税

    贷：应交税费——未交增值税——××项目

借：应交税费——未交增值税——××项目

    贷：银行存款

相关政策

根据《国家税务总局关于印发〈房地产开发经营业务企业所得税处理办法〉的通知》（国税发〔2009〕31号）规定：企业销售未完工开发产品的计税毛利率由各省、自治、直辖市税务局按下列规定进行确定：

（1）开发项目位于省、自治区、直辖市和计划单列市人民政府所在地城市城区和郊区的，不得低于15%。

（2）开发项目位于地及地级市城区及郊区的，不得低于10%.

（3）开发项目位于其他地区的，不得低于5%。

（4）属于经济适用房、限价房和危改房的，不得低于3%。

开发企业开发、建造的住宅，商业用房以及其他建筑物、附着物、配套设施等开发产品，在其未完工前采取预售方式销售的，其预售收入先按预计计税毛利率分季（或月）计算出当期毛利额，扣除相关的期间费用、税金及附加后再计入当期应纳税所得额，待开发产品结算计税成本后再行调整。

【例 6-7】 华山建筑集团是一家主营房地产开发经营的企业（一般纳税人），机构所在地深圳龙岗区，开发的佳丽园小区项目在福田区，企业对佳丽园小区房地产项目选择了一般计税方法计税。

（1）2×18 年 5 月，该公司为开发佳丽园小区项目，取得土地 200 000 平方米，支付土地出让金金额 327 000 万元，并取得相应财政票据；佳丽园小区项目可供销售建筑面积 100 000 平方米。

（2）2×18 年 10 月，总计支付工程款 3 800 万元（不含税价），均取得增值税专用发票。其中地质勘察费 100 万元，规划设计、施工图设计及其他设计 400 万元，其他工程费用 3 300 万元。

（3）2×18 年 12 月，总计发生建安工程费 4 200 万元（不含税价），并取得增值税专用发票。其中主体承包工程 3 200 万元，水暖工程 200 万元，工程监理费 300 万元，其他工程 500 万元。

（4）2×19 年 1 月，华山建筑集团除佳丽园小区房地产项目外，在同一地块，同时配建政府公租房良庄小区，建筑面积为 15 000 平方米。当月共计发生人力资源外包支付不含税金额 5 100 万元，劳务派遣公司开具增值税专用发票不含税金额 1 800 万元，增值税普通发票不含税金额 3 300 万元。该笔人工费用佳丽园小区、良庄小区无法合理划分。

（5）2×21 年 7 月，该佳丽园小区房地产项目主体封顶，并取得预售许可证。当月取得预收房款 545 000 万元，并开具统一收据。

（6）2×21 年 10 月，该佳丽园小区房地产项目预售部分开始交房，并结转预收收入 545 000 万元。已知交房面积为 50 000 平方米，开具预收款发票。

（7）2×22 年 6 月，实现剩余现房销售 566 800 万元（含税价），给业主开具全额房款发票。

根据上述资料，会计分录如下。

（1）支付土地价款。

借：开发成本——佳丽园小区土地出让金　　　　3 270 000 000
　　　贷：银行存款　　　　　　　　　　　　　　　　　3 270 000 000

（2）支付前期工程款

进项税额＝（100＋400）×6％＋3 300×9％＝30＋297＝327（万元）

借：开发成本——佳丽园小区勘察设计费　　　　1 000 000
　　　　　　　——佳丽园小区规划设计费　　　　4 000 000

　　　　　　——佳丽园小区其他工程费　　　　　33 000 000

　　　　应交税费——应交增值税（进项税额）　　　3 270 000

　　　　　贷：银行存款　　　　　　　　　　　　　　41 270 000

　（3）支付建安工程款：

　进项税额＝300×6%＋（3 200＋200＋500）×9%＝18＋351＝369（万元）

　　借：开发成本——佳丽园小区建安工程费　　　42 000 000

　　　　应交税费——应交增值税（进项税额）　　　3 690 000

　　　　　贷：银行存款　　　　　　　　　　　　　　32 670 000

　（4）支付外包人力成本

　　由于公租房为免征增值税项目，佳丽园小区、良庄小区无法划分进项税额；同时劳务派遣公司采取差额纳税计算方法，因此，

　　劳务派遣适用差额征税，进项税额＝1 800×5%＝90（万元）

　　不得抵扣的进项税额＝当期无法划分的全部进项税额×（简易计税、免税房地产项目建设规模÷房地产项目总建设规模）＝1 800×5%×15 000÷（20 000＋100 000）＝11.25（万元）

　　可以抵扣的进项税额＝90－11.25＝78.75（万元）

　　借：主营业务成本——人力成本　　　　　　　50 212 500

　　　　应交税费——应交增值税（进项税额）　　　787 500

　　　　　贷：银行存款　　　　　　　　　　　　　　51 000 000

　（5）2×21年7月预收房款：

　预收款预缴税金＝545 000÷（1＋9%）×3%＝15 000（万元）

　　借：银行存款　　　　　　　　　　　　　5 450 000 000

　　　　　贷：合同负债　　　　　　　　　　　　　5 450 000 000

　　借：应交税费——预交增值税　　　　　　　150 000 000

　　　　　贷：应交税费——未交增值税——佳丽园小区　150 000 000

　2×21年8月（暂不考虑7月份其他进项税额）：

　　借：应交税费——未交增值税——佳丽园小区　150 000 000

　　　　　贷：银行存款　　　　　　　　　　　　　150 000 000

　（6）2×21年结转预收款收入：

　　土地价款抵减的销项税额＝支付的土地价款不含税金额×9%×（当期销售房地产项目建筑面积÷房地产项目可供销售建筑面积）＝327 000÷（1＋

9%）×9%×（50 000÷100 000）＝13 500（万元）

预收款实现的销项税额＝545 000÷（1＋9%）×9%＝45 000（万元）

冲减开发成本：

借：应交税费——应交增值税（销项税额抵减）　135 000 000

　　贷：开发成本——佳丽园小区土地出让金　　　135 000 000

预收款合计确认的销项税额＝45 000－13 500＝31 500（万元）

借：合同负债　　　　　　　　　　　　　　　5 450 000 000

　　贷：应交税费——应交增值税（销项税额）　　315 000 000

　　　　主营业务收入　　　　　　　　　　　5 135 000 000

> 该种账务处理方法，在次月的纳税申报过程中，在《增值税纳税申报表附列资料（一）》（本期销售情况明细）以及《增值税纳税申报表附列资料（三）》（服务、不动产和无形资产扣除项目明细）中注意填报相关行列。

（7）现房销售时，直接确认收入实现：

土地价款抵减的销项税额＝545 000÷（1＋9%）×9%×（50 000÷100 000）＝22 500（万元）

现房款合计确认的销项税额＝566 800÷（1＋9%）×9%＝46 800（万元）

冲减开发成本：

借：应交税费——应交增值税（销项税额抵减）　22 500 000

　　贷：开发成本——佳丽园小区土地出让金　　　22 500 000

借：银行存款　　　　　　　　　　　　　　566 800 000

　　贷：应交税费——应交增值税（销项税额）　　468 000 000

　　　　主营业务收入　　　　　　　　　　　5 200 000 000

6.3.2　销售佣金的核算

房产开发企业的销售佣金作为合同取得成本核算。"新收入准则"规定：企业为取得合同发生的增量成本预期能够收回的，应当作为合同取得成本确认为一项资产，但是资产的摊销期限不超过一年的，可以在发生时计入当期损益。合同取得成本应当采用与该资产相关的商品收入确认相同的基础（即，在履约义务履行的时点或按照履约义务的履约进度）进行摊销，计入当期损益。

对于房地产开发企业而言，与客户签署一份商品房销售合同，未来实现销售的概率很高，即未来经济利益很可能流入，所以销售佣金的发生符合资产定义，确认为合同取得成本。合同取得成本按照配比原则，在未来经济利益流入时，转入费用。

此外，对于差旅费，也是为取得合同发生，但不同于佣金的是，这些费用的发生并非已取得合同，因此不能确认为资产，但是如果客户同意承担差旅费，相当于未来有经济利益流入，只是与合同没有直接关系，因此可以将差旅费确认为一项其他应收款，而非合同取得成本。在房地产销售业务中，常常存在"买房送装修""买房送车位"等活动。在"新收入准则"下，就要对多项服务进行评估，识别各单项履约义务。如买房送装修，先分别评估各单项履约义务，拆分出房产销售和房屋装修两个履约义务。再将合同交易价格分摊至这两个履约义务。

【例 6-8】正大房地产有限公司从事香园住宅项目的开发与销售。该房地产公司开展"买房送装修"活动，该房地产公司开展预计 2×18 年 5 月开始销售，预计 2×22 年 5 月竣工并装修完毕交付。项目总收入预计为 9.81 亿元，预算总成本为 6.758 亿元，销售佣金为 600 万元。香园住宅项目毛坯房 2×18 年、2×19 年及 2×20 年末的履约进度分别为 20%，70% 和 100%。2×20 年毛坯房完成后，2×20 年～2×22 年 1 月完成装修工程，该项装修服务如单独提供预计为 5 450 万元，成本预计为 3 270 万元。装修服务 2×20 年～2×22 年 5 月的履约进度分别为 60% 和 40%。

根据该房地产公司与当地购房者签署的购房协议，根据购销协议的约定，买方有义务根据进度结算表向企业支付款项，且买方没有单方面权利终止购销协议。协议签订后且开发商已经开始履行相关义务，因买方违约而导致买方没有单方面解除合同约定的权利，如经开发商同意可撤销的话，买方需要足额补偿开发商因履行义务而发生的成本和合理利润。（为简化分析，假设本案例满足商品的不可替代用途条件，假设合同不包含重大融资成分，且不考虑交易环节的各项税费，所有房屋均于 2×19 年度完成交付）。

（1）根据新收入准则的规定，正大房地产有限公司需要拆分房产销售和房屋装修两个履约义务，并将合同交易价格分摊至房产销售和房屋装修，分别确定各自的交易价格。

（2）该案例中房产销售同时满足"不可替代用途"及"强制付款请求权"，应按照签订预售合同后项目完工进度在一段时间内确认收入。

（3）该案例中房屋装修属于建筑服务业，按在一段时间内履行进度确认收入。

2×18 年至 2×22 年主营业务收入、主营业务成本、销售费用计算，见表 6-7。

表 6-7　2×18 年至 2×22 年主营业务收入、主营业务成本、销售费用计算

单位：万元

	2×18	2×19	2×20	2×21	2×22
主营业务收入	$(98\,100-5\,450)$ $\times 20\%$ $=18\,530$	$(98\,100-5\,450)$ $\times(70\%-20\%)$ $=46\,325$	$(98\,100-5\,450)$ $\times(1-70\%)$ $=27\,795$	$5\,450\times60\%$ $=3\,270$	$5\,450\times40\%$ $=2\,180$
主营业务成本	$(67\,580-3\,270)$ $\times 20\%$ $=12\,862$	$(67\,580-3\,270)$ $\times(70\%-20\%)$ $=32\,155$	$(67\,580-3\,270)$ $\times(1-70\%)$ $=19\,293$	$3\,270\times60\%$ $=1\,962$	$3\,270\times40\%$ $=1\,308$
销售费用	$600\times$ $[(98\,100-$ $5\,450)\div$ $98\,100]\times20\%$ $=112.8$	$600\times$ $[(98\,100-$ $5\,450)\div$ $98\,100]\times$ $(70\%-20\%)$ $=282$	$600\times$ $[(98\,100-$ $5\,450)\div$ $98\,100]\times$ $(1-70\%)$ $=169.20$	$600\times$ $(5\,450\div$ $98\,100)\times60\%$ $=20.60$	$600\times$ $(5\,450\div$ $98\,100)\times40\%$ $=13.34$

6.4　老项目销售收入的核算

如果房地产企业开发项目均为老项目且采用简易计税方法，取得增值税专用发票的，需根据当地税务机关的要求进行认证，并做进项税额转出。

如果房地产企业开发项目既有简易计税方法的老项目，又有一般计税方法的新项目。新老项目共同支出要按照建设规模进行比例划分，分配到新项目的不含税支出所对应的税款可以作为进项税额，分配到老项目的不含税支出所对

应的税额不得作为进项税额而作为成本费用组成部分。账务处理见表 6-8。

表 6-8 老项目销售收入会计分录

核算时点	核算依据	账务处理
预收商品房款时	商品房认购书、定金收据	借：银行存款 　　贷：合同负债
次月	预缴税款计算表	借：应交税费——预交增值税 　　贷：银行存款
业主验房时	销售合同、增值税发票、收房确认书（业主签认单）	借：银行存款、合同负债 　　贷：主营业务收入 　　　　应交税费——简易计税（计提）

注：一般纳税人的简易计税方法，在确认预缴、计提、缴纳等环节涉及增值税时，要采用"应交税费——简易计税——某项目"科目核算，不使用"应交税费—预交增值税"科目核算。

【例 6-9】福成房地产有限公司（一般纳税人）采用简易计税核算 2×16 年一个老项目，2×21 年 5 月 1 日，该公司预售房地产，至 2×21 年 5 月 31 日，共取得预收款 6 300 万元。

①2×21 年 6 月，办理交房手续。根据成本计算单统计，总成本为 4 500 万元。

应预缴税款＝6 300÷（1＋5%）×3%＝180（万元）

5 月 31 日，会计处理如下。

借：银行存款　　　　　　　　　　　　　　　　63 000 000
　　贷：合同负债　　　　　　　　　　　　　　61 200 000
　　　　应交税费——简易计税——××项目　　 1 800 000

6 月缴纳税款。

借：应交税费——简易计税——××项目　　　　 1 800 000
　　贷：银行存款　　　　　　　　　　　　　　 1 800 000

7 月确认收入。5 月预收款开票交房，即纳税义务实现，7 月应针对 5 月预收部分按适用税率征收。

应纳税款＝6 300÷（1＋5%）×5%－180＝120（万元）

借：合同负债　　　　　　　　　　　　　　　　63 000 000
　　贷：主营业务收入　　　　　　　　　　　　61 800 000
　　　　应交税费——简易计税——计提　　　　 1 200 000

同时结转成本。

借：主营业务成本   45 000 000

    贷：开发产品——房屋开发   45 000 000

6.5　出租房屋租金收入

房地产开发企业将自建房产作为投资性房地产用于出租、自建待售房产临时性出租用于赚取租金。

6.5.1　出租房屋核算科目

出租房地产在"投资性房地产"科目核算，包括采用成本模式计量的投资性房地产和采用公允价值模式计量的投资性房地产。企业应当按照投资性房地产类别和项目并分别"成本"和"公允价值变动"进行明细核算。

1. 投资性房地产的范围

（1）已出租的土地使用权：企业以经营租赁方式出租的土地使用权，包括自行开发完成后用于出租的土地使用权。用于出租的土地使用权是指企业通过出让或转让方式取得的土地使用权。

第一，企业以经营方式租入建筑物或土地使用权再转租给其他单位或个人的，不属于投资性房地产，也不能确认为企业的资产。

第二，已出租的投资性房地产租赁期届满，暂时空置但继续用于出租的，仍作为投资性房地产。

（2）持有并准备增值后转让的土地使用权，企业取得的、准备增值后转让的土地使用权。

按照国家有关规定认定的闲置土地，不属于投资性房地产。

（3）已出租的建筑物，企业以经营租赁方式出租的建筑物，包括自行建造或开发完成后用于出租的房屋等。

出租的建筑物应是企业拥有产权的建筑物。

2. 不属于投资性房地产的范围

自用房地产，为生产商品、提供劳务或者经营管理而持有的房地产。如企业的厂房、办公楼、经营用土地等。

企业出租给本企业职工居住的宿舍，即使按照市场价格收取租金，也不属于投资性房地产。

6.5.2 将自建房产作为投资性房地产用于出租

企业自行建造（或开发，下同）的房地产，只有在自行建造或开发活动完成（即达到预定可使用状态）的同时开始对外出租或用于资本增值，才能将自行建造的房地产确认为投资性房地产，见表6-9。

表6-9 将自建房产作为投资性房地产用于出租会计分录

核算时点	核算依据	账务处理
租赁合同签署日或董事会决议日	租赁合同、董事会决议、投资性房地产摊销表	借：投资性房地产 　贷：固定资产 结转成本时 借：其他业务成本 　贷：投资性房地产累计折旧或摊销

【例6-10】亚雷房地产开发有限公司于2×19年2月开发一栋写字楼，2×21年1月竣工。该公司与梅州商贸有限公司签订经营租赁合同，约定该写字楼完工达到预定可使用状态，立即租赁给梅州商贸有限公司使用，租期为10年。2×21年1月1日，该写字楼完工达到预定可使用状态，工程全部造价为16 000万元。梅州商贸有限公司于2×21年1月1日正式起租。

宏远房地产开发公司会计处理如下：

①转入投资性房地产。

借：投资性房地产——写字楼　　　　　　　　　160 000 000

　　贷：固定资产——写字楼　　　　　　　　　　　160 000 000

②根据租赁合同，取得第一年收入479.60万元，开出增值税专用发票，税额39.60万元。同时收取押金100万元。

借：银行存款　　　　　　　　　　　　　　　　5 796 000

　　贷：其他业务收入　　　　　　　　　　　　　　　4 400 000

　　　　应交税费——应交增值税（销项税额）　　　　396 000

　　　　其他应付款——押金　　　　　　　　　　　　1 000 000

该写字楼年限平均法计提折旧。即每年计提折旧＝160 000 000÷10＝

16 000 000（元）

  借：其他业务成本   16 000 000

    贷：投资性房地产累计折旧   16 000 000

支付修理费 8 900 元。

  2×21 年 4 月 1 日，发生修理费 8 900 元，取得增值税普通发票，开出转账支票支付。

  借：其他业务成本   8 900

    贷：银行存款   8 900

6.5.3 开发产品先出租再出售会计核算

  将开发产品先出租再出售的，应按以下原则确认收入的实现：

  （1）将待售开发产品转作经营性资产，先以经营性租赁方式租出或以融资租赁方式租出以后再出售的，租赁期间取得的价款应按租金确认收入的实现，出售时再按销售资产确认收入的实现；

  （2）将待售开发产品以临时租赁方式租出的，租赁期间取得的价款应按租金确认收入的实现，出售时再按销售开发产品确认收入的实现。

  【例 6-11】长江房地产开发公司将其出租的一栋写字楼确认为投资性房地产，采用成本模式计量。租赁期届满后，长江房地产开发公司将该栋写字楼出售给乙公司，合同含税价款为 16 350 万元，乙公司已用银行存款付清。出售时，该栋写字楼的成本为 6 800 万元，已计提折旧 3 500 万元。长江房地产开发公司的账务处理如下：

  借：银行存款   163 500 000

    贷：其他业务收入   150 000 000

      应交税费——应交增值税（销项税额） 13 500 000

  借：其他业务成本   33 000 000

    投资性房地产——累计折旧（摊销） 35 000 000

    贷：投资性房地产——写字楼   68 000 000

6.5.4 以房地产存货投资会计核算

  房地产开发企业以存货投资，赚取商业经营利润。

【例 6-12】 2×21 年 1 月 1 日，梅州市亚逊房地产开发有限公司以一幢待售商业用房向星昊建筑有限公司投资，该商业用房开发产品成本为 9 000 万元，投资公允价值为 19 000 万元，占被星昊建筑有限公司增资后注册资本的 30%（即占星昊建筑有限公司表决权资本 30%），按出资比例占星昊建筑有限公司 2×21 年 1 月 1 日的净资产金额为 19 850 万元，根据《企业会计准则—长期股权投资》规定，按照权益法核算。

梅州市亚逊房地产开发有限公司会计处理如下：

应交增值税＝19 000×9%＝1710（万元）

应交城市维护建设税＝1 710×7%＝119.70（万元）

应交教育费附加＝1 710×3%＝51.30（万元）

应交印花税＝19 000×0.3‰＝5.7（万元）

应交土地增值税的计算

①扣除项目金额合计＝9 000＋1 710＋119.70＋51.30＋5.7＝10 886.70（万元）

②增值额＝19 000－10 886.70＝8 113.30（万元）

③增值率＝8 113.30÷10 886.70×100%＝74.52%

增值额超过扣除项目金额 50%，未超过 100% 的部分，适用 40% 的税率，速算扣除率为 5%。因此缴纳的土地增值税为

④应纳税额＝8 113.30×40%－10 886.70×5%

＝3 245.32－544.335

＝2 700.985（万元）

会计分录：

借：长期股权投资——星昊建筑有限公司（投资成本）

	135 876 850
贷：开发产品——商业用房	90 000 000
应交税费——应交增值税（销项税额）	17 100 000
——城市维护建设税	1 197 000
——教育费附加	513 000
——印花税	57 000
——土地增值税	27 009 850

土地使用权转让是指土地使用者将土地使用权再转移的行为，包括出售、交换和赠送。未按土地使用权出让合同规定的期限和条件投资开发，利用土地的，土地使用权不得转让。土地使用权转让应当签订转让合同。土地使用权转让时，土地使用权出让合同和登记文件中所载明的权利、义务随之转移，土地使用权转让时，其地上建筑物、其他附着物的所有权转让，应当依照规定办理过户登记。土地使用权和地上建筑物，其他附着物所有权分割转让的，应当经市、县人民政府土地管理部门和房产管理部门批准，并依法办理过户登记。土地使用权转让须符合上述规定，否则即为非法转让。也可以采取股权收购的方式，即通过购买目标公司的股权来完成土地的使用。

（1）出让方式取得土地使用权，转让房地产时，不符合下列条件不能转让：

①按照出让合同支付全部土地使用权出让金，并取得土地使用权证书的；

②按照出让合同约定进行投资开发，属于房屋建设工程的，完成开发投资总额的25%以上的；

（2）属于成片开发土地的，依照规划对土地进行开发建设，应完成供排水、供电、道路交通、通信等市政基础设施和公共设施的建设，达到场地平整，形成工业用地或其他建设用地条件的。转让房地产时，房屋已建成的，应取得房屋所有权证书。

（3）司法机关和行政机关依法裁定，决定查封或者以其他形式限制房地产权利的；

（4）依法收回土地使用权的；

（5）共有房地产，未经其他共有人书面同意的；

（6）权属有争议的；

（7）未依法登记领取权属证书的；

（8）法律、行政法规规定禁止转让的其他情形。

【例6-13】2×21年3月，恒通房地产开发公司转让4前购入的一块土地，取得转让收入4 905万元。该土地购进价3 488万元，取得土地使用权时缴纳相关费用129万元，该土地一直未开发。转让该土地时缴纳相关税费245万元。会计处理如下。

（1）收到价款时。

借：银行存款　　　　　　　　　　　　　　49 050 000

　　贷：其他业务收入　　　　　　　　　　　45 000 000

　　　　应交税费——应交增值税（销项税额）　4 050 000

（2）结转成本。

借：其他业务成本　　　　　　　　　　　　　36 170 000

　　贷：开发成本　　　　　　　　　　　　　36 170 000

（3）计算土地增值税。

增值额＝4 500－［3 488÷（1＋9％）］－245

　　＝4 500－3 200－245

　　＝1 055（万元）

增值率＝增值额÷（土地出让收入－增值额）×100％

　　＝1 055÷（4 500－1 055）×100％

　　＝30.62％

应纳税额＝增值额×税率－（土地出让收入－增值额）×速算扣除系数

　　＝1 055×5％

　　＝52.75（万元）

借：应交税费——应交土地增值税　　　　　　527 500

　　贷：银行存款　　　　　　　　　　　　　527 500

6.7　房地产开发项目的物业管理收入的核算

　　房地产开发企业完成建筑开发外，还提供物业管理，并成立物业管理企业。物业管理企业应当按照我国法律规定设立，并且应当取得相应的资质等级，具有法人资格的物业管理企业必须具备相应的资质才能从事物业管理业务。

　　物业管理企业为物业产权人、使用人提供公共卫生清洁、公用设施的维修和保安、绿化、停车等公共性服务费收取物业费；因代收代交有关费用等应付给有关单位的款项，如代收的水电费、煤气费、有线电视费、电话费等都属于代收代交费用。

6.7.1 收取业主费用会计处理

（1）物业公司收取业主预先缴纳的物业费时确认的款项会计处理，见表 6-10。

表 6-10 收取业主费用的会计处理

核算时点	核算依据	账务处理
收到银行回单时或现金收讫时	银行进账单等	借：银行存款 　　贷：预收款项 　　　　应交税费——应交增值税（销项税额）

【例 6-14】西城物业有限公司为一般纳税人，增值税率为 6%。2×21 年 1 月 10 日，收取荔园小区业主物业费共计 3 710 000 元，当日填写银行进账单存入银行。账务处理如下：

借：银行存款　　　　　　　　　　　　　　　　371 0 000
　　贷：预收账款　　　　　　　　　　　　　　　3 500 000
　　　　应交税费——应交增值税（销项税额）　　　210 000

（2）物业公司收取代收款项会计处理，见表 6-11。

表 6-11 物业公司收取代收款项会计处理

核算时点	核算依据	账务处理
收到银行回单时或现金收讫时	银行进账单等	借：银行存款 　　贷：其他应付款——应付暂收款

【例 6-15】2×21 年 1 月 10 日，西城物业有限公司代收荔园小区业主供暖费 1 389 000 元，当日填写银行进账单存入银行。账务处理如下：

借：银行存款　　　　　　　　　　　　　　　　1 389 000
　　贷：其他应付款——应付暂收款　　　　　　　1 389 000

6.7.2 物业管理成本核算

物业管理成本，一般包括直接从事物业管理等经营活动的人员工资、资金和按规定比例提取的福利费、工会经费、教育经费、绿化费、保洁费、保安费，直接用于物业管理等经营活动的折旧费用等。物业公司有偿使用产权属全体业主共用的商业用房和共用设施设备，应负担的有关租赁费、承包费、维修及保养费、水电费，相关经营人员的工资、福利、劳动保护费等为物业经营成本，包括自营方式进行物业管理服务，出包方式进行的公共性服务、经营由业主委员会或物业提供的房屋发生的成本。

非经常损失消耗，如灾害盗窃损失、违约金、滞纳金等赔偿支出、资产减值损失等，与企业直接生产经营活动无关的经营管理性支出均计入期间费用或营业外支出。

（1）物业公司采用自营方式进行物业管理 服务的，发生各项直接费用时确认物业管理成本。会计处理见表6-12。

表6-12　物业管理成本

核算时点	核算依据	账务处理
期末相关成本费用发生时	发票、工资单、银行单据等	借：主营业务成本 应交税费——应交增值税（进项税额） 贷：银行存款/应付职工薪酬/累计折旧

【例6-16】2×21年1月31日，西城物业有限公司计提应付职工工资142 000元。账务处理如下：

借：主营业务成本　　　　　　　　　　　　　142 000
　　贷：应付职工薪酬　　　　　　　　　　　　142 000

2×21年1月31日，发放员工工资35 000元，代扣代缴职工租房费用等7 000元。

借：应付职工薪酬　　　　　　　　　　　　　135 000
　　其他应收款　　　　　　　　　　　　　　 7 000
　　贷：银行存款　　　　　　　　　　　　　　142 000

（2）物业公司采取出包方式进行的公共性服务，如绿化、保洁等，一般按照签订的承包合同约定的服务发生时间结算并确认物业管理成本。会计处理见表6-13。

表6-13　采用出包方式的账务处理

核算时点	核算依据	账务处理
相关成本、费用发生时	发票、分包合同、银行单据等	借：主营业务成本 应交税费——应交增值税（进项税额） 贷：银行存款/应付账款

【例6-17】2×21年1月31日，西城物业有限公司将荔园小区保洁出包给茴香服务公司（小规模纳税人），每年保洁费用不含税为65 000元。财务部根据服务外包合同，对方开具的增值税专用发票，税额为1 950元。进行账务处理如下：

借：主营业务成本　　　　　　　　　　　　　　　　65 000

应交税费——应交增值税（进项税额）　　　　　1 950

贷：银行存款/应付账款　　　　　　　　　　　　66 950

（3）物业公司经营由业主委员会或物业产权人、使用人提供的房屋、建筑物和共用设施等应负担的支出于实际发生时确认物业经营成本。相关成本账务处理见表6-14。

表6-14　相关成本账务处理

核算时点	核算依据	账务处理
期末相关成本费用发生时	发票、工资单、材料采购单、银行单据等	借：主营业务成本 　　应交税费——应交增值税（进项税额） 贷：银行存款/应付职工薪酬/其他应付款－维修基金

【例6-18】2×21年1月31日，西城物业有限公司维修荔园小区内健身器材，购买配件2 600元。进行账务处理如下：

借：主营业务成本　　　　　　　　　　　　　　　　2 600

贷：银行存款　　　　　　　　　　　　　　　　2 600

6.7.3　经营收入的确认

物业管理收入是指企业向物业产权人、使用人收取的公共性服务收入、公众代办性服务收入和特约服务收入。物业经营收入是指物业公司经营业主委员会或者物业产权人、使用人提供的房屋、建筑物和共用设施取得的收入，如房屋出租收入和经营停车场、游泳池，各类球场等共用设施收入，账务处理见表6-15。

表6-15　物业管理收入账务处理

核算时点	核算依据	账务处理
劳务已经提供，同时收讫价款或取得 收取价款的凭据时	发票、租赁合同、物业合同、银行单据等	借：银行存款/应收账款/预收账款 贷：主营业务收入 　　应交税费——应交增值税（销项税额）

【例 6-19】2×21 年 1 月 31 日，西城物业有限公司当月取得游泳池收入 68 900 元，税额 4 134 元。进行账务处理如下：

借：银行存款　　　　　　　　　　　　　　　　　73 034

　　贷：主营业务收入　　　　　　　　　　　　　　68 900

　　　　应交税费——应交增值税（销项税额）　　　　4 134

6.7.4　申请维修基金会计处理

根据《住宅专项维修资金管理办法》，商品住宅的业主、非住宅的业主按照所拥有物业的建筑面积交存住宅专项维修基金，每平方米建筑面积交存首期住宅专项维修资金的数额为当地住宅建筑安装工程每平方米造价的 5% 至 8%。预收维修基金包括收到维修基金，收到维修基金利息、有偿使用产权属全体业主共用的商业用房。开发公司将维修基金交由房管部门统一管理，开发公司在需要进行维修时，要先向相关房管部门报送维修申请及资料，房管部门同意后，先预付部分维修资金，待物业公司对物业维修完毕后，再将经由业主管理委员会或产权人、使用人签证认可确认的验工计价等报房管部门审批，房管部门再将剩余的维修基金拨付给物业公司。

物业公司申请使用维修资金，会计处理见表 6-16。

表 6-16　物业公司申请使用维修资金

核算时点	核算依据	账务处理
收到款项时	维修申请单、银行单据等	借：银行存款 　　贷：其他应付款——维修基金

【例 6-20】2×21 年 1 月 1 日，西城物业有限公司申请物业维修基金 320 000 元，财务部根据维修申请单、银行单据等，账务处理如下：

借：银行存款　　　　　　　　　　　　　　　　　320 000

　　贷：其他应付款——维修基金　　　　　　　　　320 000

物业公司有偿使用产权属全体业主共同的商业用房和共用设施设备进行经营时（如电梯广告牌出租），将应负担的有关租赁费、承包费用以维修基金的形式支付给业主。会计分录见表 6-17。

表 6-17　会计分录

核算时点	核算依据	账务处理
租赁合同约定日期	发票、银行单据等	借：主营业务成本 　　贷：其他应付款——维修基金

6.7.5　购进维修材料等并进行维修会计处理

物业公司承接房屋共同部位、共同设施设备大修、更新改造及由业主委员会或者物业产权人、使用人提供的管理用房、商业用房进行装饰装修等工程。物业工程按其实施方式的不同一般分为自营方式和出包方式。

物业公司自行组织施工时，施工中发生各项费用，包括人工费、材料费、工程物资、机械使用费在实际发生时确认大修成本，见表 6-18。

表 6-18　会计分录

核算时点	核算依据	账务处理
收到发票、材料入库时	材料入库单、发票、采购合同等	借：原材料 　　应交税费——待认证进项税额（发票未认证时） 　　应交税费——应交增值税（进项税额） 　　贷：银行存款/其他应付款/应付账款

【例 6-21】2×21 年 2 月 1 日，荔园小区浴池进行装修，西城物业有限公司购入装修材料 150 000 元，取得增值税专用发票，税额 19 500 元。财务部根据材料入库单、发票、采购合同等，账务处理如下：

借：原材料　　　　　　　　　　　　　　　　　　150 000

　　应交税费——应交增值税（进项税额）　　　　 19 500

　　贷：应付账款　　　　　　　　　　　　　　　　　　169 500

装修队领用材料 150 000 元。

借：在建工程　　　　　　　　　　　　　　　　　150 000

　　贷：原材料　　　　　　　　　　　　　　　　　　　150 000

装修完成后结转成本。

借：主营业务成本　　　　　　　　　　　　　　　150 000

　　贷：在建工程　　　　　　　　　　　　　　　　　　150 000

第7章
房地产开发企业增值税业务核算

　　房地产开发企业增值税业务比较复杂，涉及房地产开发经营整个流程。

7.1 增值税基础知识

增值税纳税人、税目、税率、征税范围构成增值税要素。

7.1.1 增值税纳税人、征税范围、税率和征收率

1. 纳税人

《营业税改征增值税试点实施办法》《房地产开发企业销售自行开发的房地产项目增值税征收管理暂行办法》（国家税务总局公告 2016 年第 18 号）规定，在中华人民共和国境内销售自行开发的房地产项目的企业，为增值税纳税人。

自行开发，是指在依法取得土地使用权的土地上进行基础设施和房屋建设。

房地产开发企业以接盘等形式购入未完工的房地产项目继续开发后，以自己的名义立项销售的，也属于销售自行开发的房地产项目。

2. 征税范围

（1）销售不动产属于增值税征税项目。

房地产开发企业销售自行开发的房地产项目适用销售不动产税目。

销售不动产，是指转让不动产所有权的业务活动。不动产，是指不能移动或者移动后会引起性质、形状改变的财产，包括建筑物、构筑物等。

建筑物，包括住宅、商业营业用房、办公楼等可供居住、工作或者进行其他活动的建造物。

构筑物，包括道路、桥梁、隧道、水坝等建造物。

转让建筑物有限产权或者永久使用权的，转让在建的建筑物或者构筑物

所有权的，以及在转让建筑物或者构筑物时一并转让其所占土地的使用权的，按照销售不动产缴纳增值税。

（2）所销售的不动产在境内，属于在境内销售不动产。

（3）不征收增值税项目。

在资产重组过程中，通过合并、分立、出售、置换等方式，将全部或者部分实物资产以及与其相关联的债权、债务和劳动力一并转让给其他单位和个人，其中涉及的不动产、土地使用权转让行为。

（4）视同销售。

单位或者个人向其他单位或者个人无偿转让不动产，视同销售服务不动产，但用于公益事业或者以社会公众为对象的除外。

3. 税率和征收率

（1）税率。

房地产开发企业中的一般纳税人销售自行开发的房地产项目税率为 9％。

（2）征收率。

房地产开发企业中的小规模纳税人销售自行开发的房地产项目，以及一般纳税人按规定可选择简易计税方法的，征收率为 5％。

根据《国家税务总局关于〈房地产开发企业销售自行开发的房地产项目增值税征收管理暂行办法〉的公告》（国家税务总局发布 2016 年第 18 号公告）、《财政部 税务总局 海关总署关于深化增值税改革有关政策的公告》（财政部 税务总局 海关总署公告 2019 年第 39 号），房地产开发企业增值税核心要点，见表 7-1。

表 7-1　房地产开发企业增值税税率表

纳税人	计税方法	税率或征收率	预缴税率
一般纳税人	一般	9％	3％
	简易	5％	3％
小规模纳税人	简易	5％	3％

（3）预征率。

房地产开发企业采取预收款方式销售自行开发的房地产项目，应在收到预收款时按照 3％的预征率预缴增值税，见表 7-2。

表 7-2　房地产开发企业预缴税款对比简表

需要预缴情况	采用预收款方式销售	销售老项目一般计税
预缴地点	机构所在地	不动产所在地
预缴公式	全部价款和价外费用÷（1＋9%）×3%	
申报公式	（全部价款和价外费用－当期允许扣除的土地价款）÷（1＋9%）×9%－预缴税额	

7.1.2　增值税会计科目的设置

增值税一般纳税人应当在"应交税费"科目下设置"应交增值税""未交增值税""预交增值税""待抵扣进项税额""待认证进项税额""待转销项税额""增值税留抵税额""简易计税""转让金融商品应交增值税""代扣代交增值税"等明细科目；小规模纳税人只需在"应交税费"科目下设置"应交增值税"明细科目，不需要设置上述专栏及除"转让金融商品应交增值税""代扣代交增值税"外的明细科目。

根据财会〔2016〕22 号文件规定，一般纳税人企业增值税相关会计科目设置，见表 7-3。

表 7-3　一般企业增值税基本会计科目设置明细表

科目代码	一级科目	二级科目	三级科目	四级科目
2221	应交税费			
222101	应交税费	应交增值税		
22210101	应交税费	应交增值税	进项税额	
2221010101	应交税费	应交增值税	进项税额	13%税率
2221010102	应交税费	应交增值税	进项税额	9%税率
2221010103	应交税费	应交增值税	进项税额	6%税率
2221010104	应交税费	应交增值税	进项税额	10%税率
2221010105	应交税费	应交增值税	进项税额	3%征收率
2221010106	应交税费	应交增值税	进项税额	其他
22210102	应交税费	应交增值税	已交税金	
22210103	应交税费	应交增值税	减免税款	

科目代码	一级科目	二级科目	三级科目	四级科目
22210104	应交税费	应交增值税	转出未交增值税	
22210105	应交税费	应交增值税	销项税额抵减	
22210106	应交税费	应交增值税	出口抵减内销产品应纳税额	
22210107	应交税费	应交增值税	销项税额	
22210108	应交税费	应交增值税	进项税额转出	
22210109	应交税费	应交增值税	出口退税	
22210110	应交税费	应交增值税	转出多交增值税	
222102	应交税费	预交增值税		
22210201	应交税费	预交增值税	一般预交	
22210202	应交税费	预交增值税	简易预交	
222103	应交税费	待抵扣进项税额		
222104	应交税费	待认证进项税额		
222105	应交税费	待转销项税额		
222106	应交税费	简易计税		
22210601	应交税费	简易计税	简易预交	
22210602	应交税费	简易计税	待扣税款	
22210603	应交税费	简易计税	补缴税款	
22210604	应交税费	简易计税	未交税款	
222107	应交税费	转让金融商品应缴增值税		
222108	应交税费	代扣代交增值税		
222109	应交税费	未交增值税		
2221010	应交税费	增值税留抵税额		
2221011	应交税费	增值税检查调整		

增值税明细科目释义，见表 7-4。

表 7-4　增值税明细科目释义

项　　目	含　　义
"进项税额"专栏	记录准予从当期销项税额中抵扣的增值税额
"销项税额抵减"专栏	记录一般纳税人按照现行增值税制度规定因扣减销售额而减少的销项税额

项　　目	含　　义
"已交税金"专栏	记录一般纳税人当月已交纳的应交增值税额
"转出未交增值税"专栏	记录一般纳税人月度终了转出当月应交未交增值税额
"转出多交增值税"专栏	记录一般纳税人月度终了转出当月多交的增值税额
"减免税款"专栏	记录一般纳税人按现行增值税制度规定准予减免的增值税额
"出口抵减内销产品应纳税额"专栏	记录实行"免、抵、退"办法的一般纳税人按规定计算的出口货物的进项税抵减内销产品的应纳税额
"销项税额"专栏	记录一般纳税人销售货物、加工修理修配劳务、服务、无形资产或不动产应收取的增值税额
"出口退税"专栏	记录一般纳税人出口货物、加工修理修配劳务、服务、无形资产按规定退回的增值税额
"进项税额转出"专栏	因非正常损失以及其他原因而不应从销项税额中抵扣、按规定转出的进项税额
"未交增值税"明细科目	核算一般纳税人月度终了从"应交增值税"或"预交增值税"明细科目转入当月应交未交、多交或预缴的增值税额，以及当月交纳以前期间未交的增值税额
"预交增值税"明细科目	核算采用预收款方式销售自行开发的房地产项目等，以及其他按现行增值税制度规定应预缴的增值税额
"待抵扣进项税额"明细科目	核算一般纳税人已取得增值税扣税凭证并经税务机关认证，按照现行增值税制度规定准予以后期间从销项税额中抵扣的进项税额
"待转销项税额"明细科目	核算尚未发生增值税纳税义务而需于以后期间确认为销项税额的增值税额
"简易计税"明细科目	核算一般纳税人采用简易计税方法发生的增值税计提、扣减、预缴、缴纳等业务
"转让金融商品应交增值税"明细科目	核算增值税纳税人转让金融商品发生的增值税额。
"代扣代交增值税"明细科目	核算纳税人购进在境内未设经营机构的境外单位或个人在境内的应税行为代扣代缴的增值税

小规模纳税人只需在"应交税费"科目下设置"应交增值税""转让金融

商品应交增值税""代扣代交增值税"明细科目，没有要求必须设置专栏及更多科目。当然为了账务清楚、更好地服务业务，鼓励小规模纳税人设置更多辅助核算科目。

2. 增值税借贷方科目专栏

增值税会计核算有一个典型的特征，就是一些会计科目分专栏核算，借方专栏永远只能在借方，不放到贷方核算；贷方专栏只能在贷方，不能放到借方专栏核算。遇到退货、退回或其他情况，所购货物应冲销调账的，用红字登记。具体借方、贷方专栏见表 7-5。

表 7-5　增值税科目专栏明细表

增值税借方科目专栏		增值税贷方科目专栏	
1	进项税额	1	销项税额
2	已交税金	2	出口退税
3	减免税款	3	进项税额转出
4	出口抵减内销产品应纳税额	4	转出多交增值税
5	销项税额抵减		
6	转出未交增值税		

集团企业可以采取总分机构汇总纳税的方式，在"应交税费"科目下可能要设立更多符合企业业务需要的二级或三级科目，也可以通过"往来科目"记录总部机构及分支机构的增值税汇缴或清算。

7.1.3　增值税发票的种类

由于地税各部门征管体制改革，2019 年 1 月 1 日起启用新版发票。发票监制章具体类型见表 7-6。

表 7-6　最新发票监制章一览表

序号	发票类型	监制章情况	具体形式
1	增值税专用发票	没有变化	发票监制章椭圆形，上环刻制"全国统一发票监制章"字样，中间刻制"省、自治区、直辖市、计划单列市"名称，下环刻制"国家税务总局监制"。
2	增值税普通发票（包括平推票、卷票）	没有变化	

序号	发票类型	监制章情况	具体形式
3	增值税电子普通发票	启用新版	新发票监制章形状为椭圆形，与原发票监制章规格相同，内环加刻一细线。上环刻制"全国统一发票监制章"字样，中间刻制"国家税务总局"字样，下环刻制"××税务局"字样，如"北京市税务局"等。
4	机动车销售统一发票	启用新版	
5	二手车销售统一发票	启用新版	
6	通用机打发票	启用新版	
7	通用定额发票	启用新版	
8	手工发票	启用新版	
9	通行费（包括出租车、客票等）	启用新版	
10	航空运输电子客票行程单	没有变化	发票监制章椭圆形，上环刻制"全国统一发票监制章"字样，下环刻制"国家税务总局监制"。中间无"省、自治区、直辖市、计划单列市"。

《国家税务总局关于开展 2020 年"便民办税春风行动"的意见》（税总发〔2020〕11 号）指出电子专票确定先试点、后推广的方案，确保 2020 年年底之前推进增值税专用发票电子化。

1. 开具增值税专用发票

纳税人开具增值税专用发票，应由购买方提供：名称（不得为自然人）、纳税人识别号、地址电话、开户行及账号。若实际付款人（现金、刷卡、第三方支付平台等）属于其他个人，一般纳税人可以开具增值税专用发票。小规模纳税人是不可以自己开专票的，也就是说小规模纳税人不能自行开具增值税专用发票。但符合某些条件后，就可以自己开具增值税专用发票。根据《国务院关于修改〈中华人民共和国发票管理办法〉的决定》（中华人民共和国国务院令第 587 号）规定，需要临时使用发票的单位和个人，可以凭购销商品、提供或者接受服务以及从事其他经营活动的书面证明，经办人身份证明，直接向经营地税务机关申请代开发票。依照税收法律、行政法规定应当缴纳税款的，税务机关应当先征收税款，再开具发票。

根据《关于扩大小规模纳税人自行开具增值税专用发票试点范围等事项

的公告》（国家税务总局公告 2019 年第 8 号），将小规模纳税人自行开具增值税专用发票的试点范围扩大至租赁和商务服务业，科学研究和技术服务业，居民服务、修理和其他服务业这三个行业。

2. 开具增值税普通发票

销售方开具增值税普通发票的，如购买方为企业、非企业性单位（有纳税人识别号）和个体工商户，购买方栏的"名称""纳税人识别号"为必填项，其他项目根据实际业务情况需要填写。

购买方为非企业性单位（无纳税人识别号）和消费者个人的"名称"为必填项，其他项目可根据实际业务情况填写。

房地产开发企业在收到预收款时，可以向购房者开具增值税普通发票，在开具增值税普通发票时暂选择"零税率"开票，金额为实际收到的预收款。在发票"备注栏"上列明合同约定面积、价格、房屋全价，同时注明"预收款，不作为产权交易凭据"。在开具发票次月申报期内，通过《增值税预缴税款表》进行申报，按照规定预缴增值税。预收款所开发票金额不在申报表附表（一）中反映。在申报当期增值税时，不再将已经预缴税款的预收款通过申报表进行体现，将来正式确认收入开具不动产销售发票时也不再进行红字冲回。在交房时，按所售不动产全款开具增值税发票，按规定申报纳税。

7.1.4 增值税专用发票认证方式

实务中，发票认证主要有以下几种方式：

（1）网上"勾选认证"。网上认证比较方便，效率较高。

（2）自购终端"扫描认证"。企业可购买增值税专用发票认证专用设备，每年有服务费，相对便利一些。自行认证通不过的，可以去办税大厅通过税务机关工作人员认证。

（3）去办税大厅"扫描认证"。不具备上述条件的纳税人可以选择去国税局大厅进行"扫描认证"，一般通过办税大厅的自助认证终端进行，也可以通过大厅前台工作人员认证。经常需要排队，时间成本较高。

根据《关于扩大小规模纳税人自行开具增值税专用发票试点范围等事项的公告》（国家税务总局公告 2019 年第 8 号）规定，从 2019 年 3 月 1 日起，勾选认证不再限制于纳税信用 A 级、B 级、C 级、M 级的增值税一般纳税人，而是扩大到所有一般纳税人（包括 D 级）。可勾选认证的增值税发票包括：增值税专用发票、机动车销售统一发票、收费公路通行费增值税电子普通发票。

7.2 进项税额管理

进项税额，是指纳税人购进货物、加工修理修配劳务、服务、无形资产或者不动产，支付或者负担的增值税额。增值税一般纳税人，才涉及进项税额的抵扣，增值税小规模纳税人不能抵扣进项税额。

7.2.1 进项税额抵扣的条件

"财税〔2016〕36 号文"附件 1 第二十六条规定：

纳税人取得的增值税扣税凭证不符合法律、行政法规或者国家税务总局有关规定的，其进项税额不得从销项税额中抵扣。

准予从销项税额中抵扣的进项税额，应至少同时具备以下条件：

（1）发生允许从销项税额中抵扣进项税额的购进行为；

（2）取得合法有效的增值税扣税凭证；

（3）只有应税行为的代扣代缴税款可以凭完税凭证抵扣，且需要具备书面合同、付款证明和境外的对账单或者发票。否则，进项税额不得从销项税额中抵扣。

7.2.2 可抵扣进项税额的有效凭证

增值税进项税额抵扣有认证抵扣和计算抵扣两种方式，而增值税的抵扣是针对一般纳税人而言，小规模纳税人是用不到进项税额抵扣凭证的。增值税抵扣凭证种类见表 7-7。

表 7-7　增值税抵扣凭证种类

	抵扣凭证种类	出具方	抵扣金额	备注
1	增值税专用发票	销售方或通过税务机关代开	注明的增值税税额	
2	增值税电子普通发票	销售方或通过税务机关代开	注明的增值税税额	适用于纳税人取得的客运服务、道路通行费增值税电子发票的抵扣
3	机动车销售统一发票	销售方	注明的增值税税额	
4	税收缴款凭证	税务机关	注明的增值税税额	预缴税款、代扣代缴税收缴款、接受境外单位或者个人提供的应税服务时适用
5	道路、桥、闸通行费	高速公路及一级、二级公路依法收取通行费的相关单位	增值税电子普通发票上注明的增值税额	(1) 只有桥、闸的通行费抵扣属于计算抵扣; (2) 收费公路通行费增值税电子普通发票需要经过认证才能抵扣(交通运输部、国家税务总局公告 2017 年第 66 号)。收费公路通行费不允许用开具的纸质收费凭证计算抵扣
		桥、闸等依法收取通行费的相关单位	桥、闸通行费发票上注明的金额÷(1+5%)×5%	
6	省级以上(含)财政部门监(印)制的财政票据	政府相关部门	票据上注明的金额÷(1+9%)×9%	财政票据不是严格意义上的抵扣凭证,是房地产行业销售额的扣除项目
7	注明旅客身份信息的航空运输电子客票行程单、火车票、汽车票等	客运服务提供方	(1) 航空旅客运输进项税额=(票价+燃油附加费)÷(1+9%)×9% (2) 铁路旅客运输进项税额=票面金额÷(1+9%)×9% (3) 公路、水路等其他旅客运输进项税额=票面金额÷(1+3%)×3%	(1) 对于取得未注明旅客身份信息的出租票、公交车票等,不得计算抵扣; (2) 纳税人取得客运服务增值税电子普通发票的,为发票上注明的税额

7.2.3 进项税额抵扣项目

进项税额主要看取得抵扣凭证上注明的金额，见表7-8。

表 7-8 增值税抵扣一览表

具体项目	一般纳税人提供		小规模纳税人提供		备注
	抵扣税率	是否需要专用发票	税率	是否需要专用发票	
外购实物发放福利	—	否	—	否	原则是用于集体福利和个人消费的不允许抵扣；外购实务用于生产经营用部分可分摊抵扣
员工商业保险、劳动保护用品（职业必备）	6%或13%	是	3%	是	一般指生产过程中使用的，购买的相关物品。强调是"职业必备"的，不是"福利类"的
劳务派遣员工	全额开票6%	是	全额开票3%	是	"人力资源外包""保安服务"可以适用"劳务派遣相关政策"
	差额开票5%	是	差额开票5%	是	
职工教育经费	存在13%、9%、6%不同情形	是	3%	是	职工教育经费不同的列支对象，税率不同
培训费	6%	是	3%	是	不与培训费同时开具一张发票的，如餐费、车票费、培训资料费等，单独适用相应税率
购书款、资料费、印刷费	13%	是	3%	是	注意"印刷费"与"摄影扩印"的区别，后者属于居民日常服务项目，不得抵扣增值税进项税额
办公低值易耗品、绿植采购、电费、软件、油费	13%	是	3%	是	油费（用于班车等福利类的不得抵扣）

具体项目	一般纳税人提供		小规模纳税人提供		备注
	抵扣税率	是否需要专用发票	税率	是否需要专用发票	
花卉、植物租赁、车辆租赁、设备租赁、办公设备租赁	13%	是	3%	是	属于有形动产租赁税目
财产保险	6%	是	3%	是	可以抵扣，注意相关合同交印花税
水费	3%或13%	是	3%	是	一般纳税人供水单位可能会选择简易计税方法
暖气、冷气、热水、煤气、石油液化气、天然气	13%	是	3%	是	强调生产经营用，用于福利性职工宿舍或食堂的要进行分摊转出
办公楼租赁	9%或5%	是	5%	是	一般纳税人老项目可能会选择简易计税方法
装饰装修、修缮	9%或3%	是	3%	是	一般纳税人老项目可能会选择简易计税方法
动产修理	13%	是	3%	是	比如，单位公车、打印机及其他机器设备的维修服务等
物业费	6%	是	3%	是	为最大化抵扣，不建议把水电费含到物业费里面
年报审计、税务鉴证、法律鉴证、工程造价鉴证、资产评估、环境评估、图审等	6%	是	3%	是	—

具体项目	一般纳税人提供		小规模纳税人提供		备注
	抵扣税率	是否需要专用发票	税率	是否需要专用发票	
财务顾问、税务顾问、法律顾问、项目可行性研究等	6%	是	3%	是	—
高速公路、一级公路、二级公路通行费增值税电子发票	9%	否	3%或5%	否	按照电子发票金额认证抵扣。小规模纳税人为3%
桥、闸通行费	9%	否	5%	否	建立台账、计算抵扣
出差中购买的单程商业保险	6%	是	3%	是	—
股息红利	—	否		否	—
不动产和不动产在建工程	9%或5%	是	5%	是	1. 专用于集体福利的不能抵扣（不含混用），但是考虑到未来有可能改变用途，用于生产经营管理，则建议同样要求取得增值税专用发票，账务上先做转出处理； 2. 取得老项目可以选择简易计税方法
固定资产、无形资产（混用、专用于应税项目）	13%和6%	是	3%	是	无形资产是6%。
固定资产、无形资产（专用于简易计税项目）	—	否	—	否	1. 取得当期不能抵扣。考虑到未来可能会用于应税项目，此时建议取得； 2. 取得之后认证，入账，转出进项税额

具体项目	一般纳税人提供		小规模纳税人提供		备注
	抵扣税率	是否需要专用发票	税率	是否需要专用发票	
周转材料、临时设施、项目设备支出（非简易项目）	13%	是	3%	是	—
周转材料、临时设施、项目设备支出（简易项目）	—	是		是	1. 未来可能会用于非简易项目，此时建议取得； 2. 取得之后认证、入账，转出进项税额
监理、设计服务	6%	是	3%	是	—
材料运输	9%	是	3%	是	—

7.2.4 不得抵扣进项税额的其他情形

有下列情形之一者，应当按照销售额和增值税税率计算应纳税额，不得抵扣进项税额，也不得使用增值税专用发票：

①一般纳税人会计核算不健全，或者不能够提供准确税务资料的。

②应当办理一般纳税人资格登记而未办理的。

根据国家税务总局关于发布《房地产开发企业销售自行开发的房地产项目增值税征收管理暂行办法》（国家税务总局公告 2016 年第 18 号）规定，一般纳税人销售自行开发的房地产项目，兼有一般计税方法计税、简易计税方法计税、免征增值税的房地产项目而无法划分不得抵扣的进项税额的，应以"建筑工程施工许可证"注明的"建设规模"为依据进行划分。

当期无法划分进项税额，可按下列公式计算不得抵扣的进项税额。

不得抵扣的进项税额＝当期无法划分的全部进项税额×（简易计税、免税房地产项目建设规模÷房地产项目总建设规模）

可以抵扣的进项税额＝当期进项税额－当期无法划分进项税额

【例 7-1】2×21 年 4 月，皇冠房地产有限公司开发银福商品房项目，可供销售建筑面积 80 000 平方米，在同一地块，同时配建政府公租房二期项目，建筑面积为 20 000 平方米。当月共计发生人力资源外包支付不含税金额 5 900 万元，劳务派遣公司开具增值税专用发票不含税金额 2 500 万元，增值税普通发票不含税金额 3 400 万元。该笔人工费用商品房、公租房项目无法合理划分。

由于公租房为免征增值税项目，银福商品房、公租房二期项目无法划分进项税额；同时劳务派遣公司采取差额纳税计算方法，因此，劳务派遣适用差额征税。

进项税额 = 2 500 × 5% = 125（万元）

不得抵扣的进项税额 = 当期无法划分的全部进项税额 × （简易计税、免税房地产项目建设规模 ÷ 房地产项目总建设规模）= 2 500 × 5% × 20 000 ÷（20 000 + 80 000）= 25（万元）

可以抵扣的进项税额 = 125 − 25 = 100（万元）

借：主营业务成本——人力成本   58 000 000

      应交税费——应交增值税（进项税额）   1 000 000

    贷：银行存款   59 000 000

【例 7-2】新丽园房地产开发有限公司为增值税一般纳税人，2×14 年通过"招、拍、挂"方式取得一宗土地，该项目一次开发。2×19 年开工，《建筑工程施工许可证》注明的"建设规模"40 000 平方米，取得开工时间为 2×19 年 1 月的《建筑工程施工许可证》60 000 平方米，其中：公共配套设施等不可售面积 5 000 平方米。支付公共配套设施工程款时取得增值税专用发票上注明的增值税额为 200 万元。

房地产开发企业是选择简易计税方法，还是一般计税方法计算缴纳增值税，取决于其开发的项目为新项目还是老项目。

不得抵扣的进项税额 = 当期无法划分全部进项税额 × （简易计税、免税房地产项目建设规模 ÷ 房地产项目总建设规模）

不得抵扣的进项税额 = 200 × {40 000 ÷ [40 000 + （60 000 − 5 000）]} = 200 × {40 000 ÷ [40 000 + 55 000]}

= 84（万元）

可以抵扣的进项税额 = 200 − 84 = 116（万元）

会计处理如下：

（1）从销售方取得增值税专用发票时。

借：应交税费——应交增值税（进项税额）　　　　2 000 000

　　贷：银行存款　　　　　　　　　　　　　　　　　2 000 000

（2）月底计算不得抵扣进项税额时。

借：开发成本　　　　　　　　　　　　　　　　840 000

　　贷：应交税费——应交增值税（进项税额转出）　　840 000

（3）按照上述公式依据年度数据对不得抵扣的进项税额进行清算时，假定年底又取得《建筑工程施工许可证》注明面积为 5 000 平方米。按照《营业税改征增值税试点实施办法》规定，主管税务机关可以按照上述公式依据年度数据不得抵扣的进项税额时行清算。则：

不得抵扣进项税额＝200×{40 000÷[40 000＋（60 000－5 000）＋5 000]}

＝200×［40 000÷（40 000＋55 000＋5 000)］

＝80（万元）

比原计算不得抵扣进项税额少 4 万元（84－80），冲减成本。

借：应交税费——应交增值税（进项税额）　　　　40 000

　　贷：开发成本　　　　　　　　　　　　　　　　40 000

7.3　销项税额管理

房地产开发企业中的一般纳税人（以下简称"一般纳税人"）销售自行开发的房地产项目，适用一般计税方法计税，按照取得的全部价款和价外费用，扣除当期销售房地产项目对应的土地价款后的余额计算销售额。

7.3.1　土地价款抵减销项税额的账务处理及纳税申报

房地产开发企业中的一般纳税人销售其开发的房地产项目（选择简易计税方法的房地产老项目外），在取得土地时向其他单位或个人支付的拆迁补偿费用也允许在计算销售额时扣除。纳税人按上述规定扣除补偿费用时，应提供拆迁协议、拆迁双方支付和取得拆迁补偿费用凭证等证明拆迁补偿用真实性材料。

房地产开发企业通过竞标方式取得的军用土地使用权用于房地产开发，支付土地价款时，企业取得省级以上财政部门监（印）制的财政票据，其支付的土地价款可按规定扣除。

土地出让金通常是指各级政府土地管理部门将土地使用权出让给土地使用者，按规定向买受人收取的土地出让的全部价款。土地出让金根据批租地块的条件，可以分为"熟地"（"七通一平"的地块价，包括土地使用费和开发费）、"毛地"或"生地"价，其票据由财政部门出具。

对于房地产企业来说，通过"招、拍、挂"获得土地使用金时取得财政票据，根据财税〔2016〕36 号第 10 条规定，房地产开发企业中的一般纳税人销售其开发的房地产项目（选择简易计税方法的房地产老项目除外），以取得的全部价款和价外费用，扣除受让土地时向政府部门支付的土地价款后的余额为销售额。

1. 一般计税方法下土地出让金返还的账务处理

根据《房地产开发企业销售自行开发的房地产项目增值税征收管理暂行办法》（国家税务总局公告 2016 年第 18 号）第四条规定，房地产开发企业中的一般纳税人销售自行开发的房地产项目，适用一般计税方法计税，按照取得的全部价款和价外费用，扣除当期销售房地产项目对应的土地价款后的余额计算销售额。

按照以下公式计算：

当期允许扣除的土地价款＝（当期销售房地产项目建筑面积÷房地产项目可供销售建筑面积）×支付的土地价款

其中，当期销售房地产项目建筑面积，是指当期进行纳税申报的增值税销售额对应的建筑面积。

房地产项目可供销售建筑面积，是指房地产项目可以出售的总建筑面积，不包括销售房地产项目时未单独作价结算的配套公共设施的建筑面积。

支付的土地价款，是指向政府、土地管理部门或受政府委托收取土地价款的单位直接支付的土地价款。

在计算销售额时从全部价款和价外费用中扣除土地价款，应当取得省级以上（含省级）财政部门监（印）制的财政票据。

依据《增值税会计处理规定》（财会〔2016〕22 号）规定，企业发生相关成本费用允许扣减销售额的账务处理，取得合规增值税扣税凭证且纳税义务发生时，按照允许抵扣的税额，借记"应交税费——应交增值税（销项税额抵减）"，贷记"主营业务成本"科目。

但是，土地价款的扣除是在确认销售额的时候，也就是纳税义务发生产生的时候，并不是一定要在支付土地价款的同时进行相关增值税的处理。因此实务中也可以采用以下方法进行账务处理：

（1）收到土地价款时。

借：开发成本——A项目

  贷：银行存款

（2）当把预收款转为收入时候，或者完全确认收入时。

第一步，结转收入。

借：合同负债

  贷：应交税费——应交增值税（销项税额）

    主营业务收入

第二步，抵减土地价款的销项税额。

借：应交税费——应交增值税（销项税额抵减）

  贷：主营业务成本（借方红字）

【例7-3】图诺房地产开发有限公司将开发竣工的一幢办公楼销售给星昊公司，价税合计为2 180万元，开具全额增值税发票。土地成本为545万元。

①取得土地时会计处理。

借：开发成本——土地征用及拆迁补偿费   5 450 000

  贷：银行存款   5 450 000

②开发产品销售达到增值税义务发生时的会计处理。

借：应收账款   21 800 000

  贷：主营业务收入   20 000 000

    应交税费——应交增值税（销项税额）   1 800 000

③抵减土地成本。$545 \div (1 + 9\%) = 45$（万元）

借：应交税费——应交增值税（销项税额抵减）   450 000

  贷：主营业务成本   450 000（或借方红字）

房地产开发企业中的一般纳税人销售其开发的房地产项目（选择简易计税方法的房地产老项目除外），在取得土地时向其他单位或个人支付的拆迁补偿费用也允许在计算销售额时扣除。纳税人按上述规定扣除拆迁补偿费用时，应提供拆迁协议、拆迁双方支付和取得拆迁补偿费用凭证等能够证明拆迁补偿费用真实性的材料。

国家税务总局公告 2016 年第 18 号规定，支付的土地价款是指向政府、土地管理部门或受政府委托收取土地价款的单位直接支付的土地价款，土地价款应当取得省级以上（含省级）财政部门监（印）制的财政票据。

财税〔2016〕140 号又进一步扩大了扣除范围，"向政府部门支付的土地价款"，包括土地受让人向政府部门支付的征地和拆迁补偿费用、土地前期开发费用和土地出让收益等。

需要注意的是，根据上述政策，"向政府部门支付的土地价款"中并不包括契税。

2. 计算准予扣除的土地价款

根据《国家税务总局关于发布〈房地产开发企业销售自行开发的房地产项目增值税征收管理暂行办法〉的公告》（国家税务总局公告 2016 年第 18 号）规定，房地产开发企业中的一般纳税人销售自行开发的房地产项目，适用一般计税方法计税，按照取得的全部价款和价外费用，扣除当期销售房地产项目对应的土地价款后的余额计算销售额。销售额的计算公式如下：

销售额＝（全部价款和价外费用－当期允许扣除的土地价款）÷（1＋9%）

当期允许扣除的土地价款按照以下公式计算：

当期允许扣除的土地价款＝（当期销售房地产项目建筑面积÷房地产项目可供销售建筑面积）×支付的土地价款

当期销售房地产项目建筑面积，是指当期进行纳税申报的增值税销售额对应的建筑面积。

房地产项目可供销售建筑面积，是指房地产项目可以出售的总建筑面积，不包括销售房地产项目时未单独作价结算的配套公共设施的建筑面积。当期销售房地产项目建支付的土地价款，是指向政府、土地管理部门或受政府委托收取土地价款的单位直接支付的土地价款。

企业应建立备查簿，登记项目、可售建筑面积、土地出让金、按规定支付的土地价款、可抵减销项税额等数据。

国家税务总局公告 2016 年第 86 号进一步明确，"当期销售房地产项目建筑面积""房地产项目可供销售建筑面积"，是指计容积率地上建筑面积，不包括地下车位建筑面积。

【例7-4】温岭房地产公司 2×21 年 11 月的销售额是 66 490 万元，购买土地的总价款是 8 720 万元，该公司是一般纳税人，可供销售的建筑面积是 300

万平方米，当期销售房地产项目建筑面积是 150 万平方米。

借：银行存款　　　　　　　　　　　　　　　664 900 000

　　贷：主营业务收入　　　　　　　　　　　　　610 000 000

　　　　应交税费——应交增值税（销项税额）　　54 900 000

当期允许扣除的土地价款＝150÷300×8 720＝4 360（万元）

土地价款允许抵减的销项税额＝4 360÷（1＋9%）＝4 000（万元）

借：应交税费——应交增值税（销项税额抵减）　40 000 000

　　贷：主营业务成本　　　　　　　　　　　　　40 000 000

一般纳税人应建立台账登记土地价款扣除情况，扣除的土地价款不得超过纳税人实际支付的土地价款。台账格式见表 7-9。

表 7-9　土地价款销售额扣除台账　　　　　　　单位：万元

确权面积		土地价款						分摊比率
1	2	3＝1＋2	4	5	6＝4－5	7＝ 6÷3×1	8＝ 6÷3×2	9＝ 8÷2
简易计税确权面积	一般计税确权面积	合计	入账土地价款	无有效票据的土地价款	有效票据的土地价款	简易计税土地价款	一般计税土地价款	
300 万平方米	300 万平方米	8 720	0	8 720				

表 7-10　土地价款销售额扣除明细表　　　　　　单位：万元

日期	楼号	房号	确权面积	土地价款分摊比率	分摊土地价款	销项税额抵减	简易计税/一般计税	备注
2×21 年 11 月	—	—	—	50%	4 000	4 000		

3. 简易计税方法下土地出让金的处理

一般纳税人销售自行开发的房地产老项目，可以选择适用简易计税方法按照 5% 的征收率计税。一经选择简易计税方法计税的，36 个月内不得变更为一般计税方法计税。

房地产老项目，是指：

（1）《建筑工程施工许可证》注明的合同开工日期在 2016 年 4 月 30 日前的房地产项目；

（2）《建筑工程施工许可证》未注明合同开工日期或者未取得《建筑工程施工许可证》，但建筑工程承包合同注明的开工日期在 2016 年 4 月 30 日前的建筑工程项目。

需要注意的是，一般纳税人销售自行开发的房地产老项目适用简易计税方法计税的，以取得的全部价款和价外费用为销售额，不得扣除对应的土地价款。

①房地产开发企业中的小规模纳税人，销售自行开发的房地产项目，按照 5% 的征收率计税。

②自 2019 年 11 月 1 日起，取消一般纳税人简易办法征收备案，取消后由纳税人通过办理申报直接享受，无须再报税务机关备案或核准。

选择简易计税方法，以取得的全部价款和价外费用为销售额，不得扣除房地产老项目对应的土地价款。

销售额＝全部价款和价外费用÷（1＋5%）

【例 7-5】昌德房地产开发集团在深圳市龙岗区注册成立，拥有深圳市区多处不动产所有权，并取得产权证书。

（1）2×21 年 4 月 30 日，转让其 2×12 年购买的位于福田区一层公寓，取得转让收入 4 200 万元（含税，下同）。纳税人 2×12 年购买时的价格为 1 050 万元，销售不动产统一发票保留完整。

（2）2×21 年 6 月 30 日，转让其 2×14 年自建的位于龙岗区的办公楼，取得转让收入 9 450 万元，建造办公楼的成本为 2 100 万元。

昌德房地产开发集团采用简易计税方法核算。

①福田区税务预缴税款＝（4 200－1 050）÷（1＋5%）×5%＝150（万元）

②龙岗区税务申报税款＝（9 450－2 100）÷（1＋5%）×5%－150
＝200（万元）

7.3.2　预缴税款确定和计算

房地产开发企业取得的预收款包括定金、分期取得的预收款（含首付款、按揭款和尾款）以及全款。但意向金（诚意金）和订金不属于预收款。

定金、订金和意向金（诚意金）的定义如下。

（1）"定金"属于一种法律上的担保方式。根据《中华人民共和国担保法》第八十九条规定：当事人可以约定一方向对方给付定金作为债权的担保。债务人履行债务后，定金应当抵作价款或者收回。给付定金的一方不履行约定的债务的，无权要求返还定金；收受定金的一方不履行约定的债务的，应当双倍返还定金。签合同时，对定金必须以书面形式进行约定，同时还应约定定金的数额和交付期限。定金数额可以由合同双方当事人自行约定，但是不得超过主合同总价款的20%，超过20%部分无效。

（2）"订金"不具备"定金"的担保性质，当合同不能履行时，除不可抗力外，应根据双方当事人的过错承担违约责任，一方违约，另一方无权要求其双倍返还，只能得到原额，也没有20%比例的限制。

（3）"意向金（诚意金）"在我国现行法律中不具有法律约束力，意向金（诚意金）未转定金之前客户可要求返还且无须承担由此产生的不利后果。

综上，定金、订金、意向金（诚意金）中，只有"定金"具有法律约束力，无论当事人是否违约，支付的款项均需返还。因此，房地产开发企业收到购房人的定金，可视同收到预收款。

预收款会计科目设置，见表7-11。

表 7-11　预收销售款会计科目设置

科目代码	科目名称
2204	合同负债
220401	合同负债（含税）
22040101	合同负债（9%）
22040102	合同负债（5%）
220402	合同负债（不含税）
22040201	合同负债（不含9%）
22040202	合同负债（不含5%）

房地产企业在收到预收款时，不确认为纳税义务发生，而只是预缴税款；房地产开发企业以预缴税款抵减应纳税额，应以完税凭证作为合法有效凭证。

根据"财税〔2016〕36号文"以及国家税务总局2016年18号公告，一般纳税人采取预收款方式销售自行开发的房地产项目，应在收到预收款时按照3％的预征率预缴增值税。

应预缴税款按照以下公式计算：

应预缴税款＝预收款÷（1＋适用税率或征收率）×3％

适用一般计税方法计税的，按照9％的适用税率计算；适用简易计税方法计税的，按照5％的征收率计算。

（1）收到预收款时。

借：银行存款

　　贷：合同负债

　　　　应交税费——预交增值税

（2）次月预缴预收款增值税时

借：应交税费——预交增值税

　　贷：应交税费——未交增值税——××项目

借：应交税费——未交增值税——××项目

　　贷：银行存款

注：一般纳税人的简易计税方法，在确认预缴、计提、缴纳等环节涉及增值税时，要采用"应交税费——简易计税——某项目"科目核算，不使用"应交税费——预交增值税"科目核算，见表7-12。

表7-12　预缴、计提、缴纳等环节涉及增值税会计处理

纳税人类型	预缴税款的确认	销售额的确定	进项抵扣	发票开具
一般纳税人	应预缴税款＝预收款÷（1＋9％）×3％	销售额＝（全部价款和价外费用－当期允许扣除的土地价款）	1. 可以抵扣进项； 2. 不得抵扣的进项税额＝当期无法划分的全部进项税额×（简易计税、免税房地产项目建设规模÷房地产项目总建设规模）	1. 自行开具增值税发票； 2. 可以是专票也可以是普票
简易计税	应预缴税款＝预收款÷（1＋5％）×3％	销售额＝以取得的全部价款＋价外费用	不得抵扣进项	1. 自行开具增值税发票； 2. 可以是专票也可以是普票

续上表

纳税人类型	预缴税款的确认	销售额的确定	进项抵扣	发票开具
小规模纳税人	应预缴税款＝预收款÷（1+5%）×3%	销售额＝以取得的全部价款＋价外费用	不得抵扣进项	自行开具发票

提示

2019 年 8 月 13 日，国家税务总局发布《国家税务总局关于实施第二批便民办税缴费新举措的通知》（税总函〔2019〕243 号）规定，全面推行小规模纳税人自行开具增值税专用发票。税务总局进一步扩大小规模纳税人自行开具增值税专用发票范围，小规模纳税人（其他个人除外）发生增值税应税行为，需要开具增值税专用发票的，可以自愿使用增值税发票管理系统自行开具。

【例 7-6】霞宏房地产开发有限公司（一般纳税人），机构所在地盐田区，开发的塔园房地产项目在坪山新区，企业对塔园房地产项目选择了一般计税方法计税。

（1）2×19 年 5 月，该公司为开发塔园项目，取得土地 400 000 平方米，支付土地出让金金额 26 160 万元，并取得相应财政票据；塔园项目可供销售建筑面积 200 000 平方米。

（2）2×19 年 10 月，总计支付工程款 3 870 万元（不含税价），均取得增值税专用发票。其中地质勘察费 70 万元，规划设计、施工图设计及其他设计 600 万元，其他工程费用 3 200 万元。

（3）2×19 年 12 月份，总计发生建安工程费 4 250 万元（不含税价），并取得增值税专用发票。其中主体承包工程 2 800 万元，水暖工程 190 万元，工程监理费 160 万元，其他工程 1 100 万元。

（4）2×20 年 7 月，该塔园房地产项目主体封顶，并取得预售许可证。当月取得预收房款 1 002 800 万元，并开具统一收据。

（5）2×21 年 10 月，该塔园房地产项目预售部分开始交房，并结转预收收入 1 002 800 万元。已知交房面积为 100 000 平方米，开具预收款发票。

(6) 2×22 年 12 月，实现剩余现房销售 130 800 万元（含税价），给业主开具全额房款发票。

根据上述资料，账务处理如下。

①支付土地价款。

借：主营业务成本——塔园项目土地出让金　　　261 600 000

　　贷：银行存款　　　　　　　　　　　　　　　　261 600 000

②支付前期工程款。

进项税额＝（70＋600）×6%＋3 200×9%＝40.2＋288＝328.20（万元）

借：开发成本——塔园项目勘察设计费　　　　　700 000

　　　　　　　——塔园项目规划设计费　　　　　6 000 000

　　　　　　　——塔园项目其他工程费　　　　　32 000 000

　　应交税费——应交增值税（进项税额）　　　　3 282 000

　　贷：银行存款　　　　　　　　　　　　　　　　41 982 000

③支付建安工程款。

进项税额＝160×6%＋（2 800＋190＋1 100）×9%

　　　　＝9.6＋368.1＝377.7（万元）

借：开发成本——塔园项目建安工程费　　　　　42 500 000

　　应交税费——应交增值税（进项税额）　　　　3 777 000

　　贷：银行存款　　　　　　　　　　　　　　　　46 277 000

④2×20 年 7 月预收房款。

预收款预缴税金＝1 002 800÷（1＋9%）×3%＝2 760（万元）

借：银行存款　　　　　　　　　　　　　　　　10 028 000 000

　　贷：合同负债　　　　　　　　　　　　　　　　10 028 000 000

借：应交税费——预交增值税　　　　　　　　　27 600 000

　　贷：应交税费——未交增值税——塔园项目　　　27 600 000

2×20 年 8 月（暂不考虑 7 月份其他进项税额）：

借：应交税费——未交增值税——塔园项目　　　27 600 000

　　贷：银行存款　　　　　　　　　　　　　　　　27 600 000

⑤2×21 年结转预收款收入。

土地价款抵减的销项税额＝支付的土地价款不含税金额×9%×（当期销售房地产项目建筑面积÷房地产项目可供销售建筑面积）＝26 160÷（1＋

9%）×9%×（100 000÷200 000）＝2 160×0.5＝1 080（万元）

预收款实现的销项税额＝1 002 800÷（1＋9%）×9%＝82 800（万元）

冲减开发成本：

借：应交税费——应交增值税（销项税额抵减）　10 800 000

　　贷：主营业务成本——塔园项目土地出让金　　10 800 000

预收款合计确认的销项税额＝82 800－1 080＝81 720（万元）

借：合同负债　　　　　　　　　　　　10 028 000 000

　　贷：应交税费——应交增值税（销项税额）　　817 200 000

　　　　主营业务收入　　　　　　　　　9 210 800 000

提示

　　次月的纳税申报时，在《增值税纳税申报表附列资料（一）》（本期销售情况明细）以及《增值税纳税申报表附列资料（三）》（服务、不动产和无形资产扣除项目明细）中注意填报相关行列。

⑥现房销售时，直接确认收入实现。

土地价款抵减的销项税额＝26 160÷（1＋9%）×9%×（100 000÷200 000）＝1 080（万元）

现房款合计确认的销项税额＝130 800÷（1＋9%）×9%＝10 800（万元）

冲减开发成本：

借：应交税费——应交增值税（销项税额抵减）　10 800 000

　　贷：主营业务成本——A项目土地出让金　　10 800 000

借：银行存款　　　　　　　　　　　　1 308 000 000

　　贷：应交税费——应交增值税（销项税额）　　108 000 000

　　　　主营业务收入　　　　　　　　　1 200 000 000

房地产开发企业收到预收款时应当根据所售房地产项目适用的计税方法，按适用税率或征收率开具增值税普通发票，并在发票的"货物或应税劳务、服务名称"后括注"预收款"字样，在发票的备注栏注明对应房地产项目的名称、详细位置。房地产开发企业收到预收款不得开具增值税专用发票。

《税收征收管理法》第三十四条规定，税务机关征收税款时，必须给纳税人开具完税凭证。扣缴义务人代扣、代收税款时，纳税人要求扣缴义务人开具代扣、代收税款凭证的，扣缴义务人应当开具。

房地产开发企业在收到预收款并按规定申报预缴后，税务机关应该出具增值税完税凭证，作为下一步抵减税款的合法依据。

目前，完税凭证各地方税务机关基本都能做到可以到办税大厅打印，也可以在网站上打印。

7.4 增值税留抵退税新政运用

根据《财政部 国家税务总局 海关总署关于深化增值税改革有关政策的公告》（财政部 税务总局 海关总署公告 2019 年第 39 号）文件规定，同时符合以下条件的纳税人，可以向主管税务机关申请退还增量留抵税额：

（1）自 2019 年 4 月税款所属期起，连续 6 个月（按季纳税的，连续两个季度）增量留抵税额均大于零，且第 6 个月增量留抵税额不低于 50 万元；

（2）纳税信用等级为 A 级或者 B 级；

（3）申请退税前 36 个月未发生骗取留抵退税、出口退税或虚开增值税专用发票情形的；

（4）申请退税前 36 个月未因偷税被税务机关处罚两次及以上的；

（5）自 2019 年 4 月 1 日起未享受即征即退、先征后返（退）政策的。

增量留抵税额，是指与 2019 年 3 月底相比新增加的期末留抵税额。

例如，若某企业 2×19 年 3 月底期末留抵税额为 100 万元，2×19 年 4 月底期末留抵税额为 130 万，4 月份比 3 月份多增加的 30 万元，就是增量留抵税额。

需要注意以下几点：

（1）享受即征即退、先征后返或先征后退政策优惠的纳税人，其一般项目的留抵也是不允许退税的。

（2）退税要求的条件之一是纳税信用等级为 A 级或者 B 级，纳税信用等级为 M 级的纳税人也不符合规定的申请退还留抵税额的条件。

纳税信用级别设 A、B、C、D 四级。A 级纳税信用为年度评价指标得分

90 分以上的；B 级纳税信用为年度评价指标得分 70 分以上不满 90 分的；C级纳税信用为年度评价指标得分 40 分以上不满 70 分的；D 级纳税信用为年度评价指标得分不满 40 分或者直接判级确定的。

2018 年 4 月 1 日起增设 M 级纳税信用级别，纳税信用级别由 A、B、C、D 四级变更为 A、B、M、C、D 五级。其中，M 级纳税信用适用未发生《信用管理办法》第二十条所列失信行为的新设立企业和评价年度内无生产经营业务收入且年度评价指标得分 70 分以上的企业。

（3）三年内因偷税受到行政处罚一次是有资格申请留抵退税的。

7.5　留抵退税额的核算

1. 计算公式

纳税人当期允许退还的增量留抵税额，按照以下公式计算：

允许退还的增量留抵税额＝增量留抵税额×进项构成比例×60％

其中，"进项构成比例"为 2019 年 4 月至申请退税前一税款所属期内已抵扣的增值税专用发票（含税控机动车销售统一发票）、海关进口增值税专用缴款书、解缴税款完税凭证注明的增值税额占同期全部已抵扣进项税额的比重。

【例 7-7】假设甲公司 2×19 年 4 月～9 月共计申报抵扣了进项税额 500 万元，而这 500 万元包括了两部分：一部分是增值税专用发票注明的增值税额 280 万元，另一部分为取得其他扣税凭证可抵扣的进项税额 220 万元；2×19年 3 月期末留抵税额 30 万元，9 月期末留抵税额 90 万元。

则：

（1）进项构成比例＝280÷500＝56％

（2）计算增量留抵税额＝90－30＝60 万元。

（3）可以退还的增量留抵税额

允许退还的增量留抵税额＝增量留抵税额×进项构成比例×60％
＝60×56％×60％＝20.16（万元）

借：银行存款　　　　　　　　　　　　　　　　　　201 600

　　贷：应交税费——应交增值税（进项税额转出）　　　201 600

2. 留抵退税后附加税费的计算基础

根据《财政部 国家税务总局关于增值税期末留抵退税有关城市维护建设税、教育费附加和地方教育附加政策的通知》（财税〔2018〕80号）规定，为保证增值税期末留抵退税政策有效落实，对实行增值税期末留抵退税的纳税人，允许其从城市维护建设税、教育费附加和地方教育附加的计税（征）依据中扣除退还的增值税税额。

3. 填报纳税申报表

在纳税人办理增值税纳税申报和免抵退税申报后、税务机关核准其免抵退税应退税额前，核准其前期留抵退税的，填写《增值税纳税申报表（一般纳税人适用）》期末留抵税额，扣减税务机关核准的留抵退税额后的余额，计算当期免抵退税应退税额和免抵税额。

税务机关核准的留抵退税额，是指税务机关当期已核准，但纳税人尚未在《增值税纳税申报表附列资料（二）（本期进项税额明细）》第22栏"上期留抵税额退税"填报的留抵退税额。

纳税人应在收到税务机关准予留抵退税的《税务事项通知书》当期，以税务机关核准的允许退还的增量留抵税额冲减期末留抵税额，并在办理增值税纳税申报时，相应填写《增值税纳税申报表附列资料（二）（本期进项税额明细）》第22栏"上期留抵税额退税"。

7.6　增值税检查调整的会计处理

增值税检查后的账务调整，应设立"应交税费——增值税检查调整"明细科目。凡检查后应调减账面进项税额或调增销项税额和进项税额转出的数额，借记有关科目，贷记本科目；凡检查后应调增账面进项税额或调减销项税额和进项税额转出的数额，借记本科目，贷记有关科目；全部调账事项入账后，应结出本账户的余额，并对该余额进行处理：

（1）若余额在借方，全部视同留抵进项税额，按借方余额数，借记"应交税费——应交增值税（进项税额）"科目，贷记本科目。

（2）若余额在贷方，且"应交税费——应交增值税"账户无余额，按贷方余额数，借记本科目，贷记"应交税费——未交增值税"科目。

（3）若本账户余额在贷方，"应交税费——应交增值税"账户有借方余额且等于或大于这个贷方余额，按贷方余额数，借记本科目，贷记"应交税费——应交增值税"科目。

（4）若本账户余额在贷方，"应交税费——应交增值税"账户有借方余额但小于这个贷方余额，应将这两个账户的余额冲出，其差额贷记"应交税费——未交增值税"科目。

上述账务调整应按纳税期逐期进行。

【例7-8】嘉兴公司为一般纳税人，2×21年8月接受税务机关检查，在检查中发现企业其他应付款科目有一笔挂账两年的应付款项，金额为87.20万元。经检查，确认此为隐瞒收入，税务机关要求该企业在本月调账，并于9月30日前补缴税款入库（不考虑其他因素）。

企业会计处理如下。

借：其他应付款   872 000

  贷：以前年度损益调整   800 000

    应交税费——增值税检查调整 72 000

借：应交税费——增值税检查调整   72 000

  贷：应交税费——未交增值税   72 000

补缴税款时：

借：应交税费——未交增值税   72 000

  贷：银行存款   72 000

第8章
企业所得税预缴与清算

　　根据《中华人民共和国企业所得税法》（以下简称《企业所得税法》）规定，在中华人民共和国境内，企业和其他取得收入的组织（以下统称企业）为企业所得税的纳税人，依法缴纳企业所得税，但个人独资企业、合伙企业除外。个人独资企业、合伙企业纳入《中华人民共和国个人所得税法》的范畴。

开发产品销售收入的范围为销售开发产品过程中取得的全部价款，包括现金、现金等价物及其他经济利益。企业代有关部门、单位和企业收取的各种基金、费用和附加等，凡纳入开发产品价内或由企业开具发票的，应按规定全部确认为销售收入；未纳入开发产品价内并由企业之外的其他收取部门、单位开具发票的，可作为代收代缴款项进行管理。

8.1.1 预售阶段所得税收入的确认

企业通过正式签订《房地产销售合同》或《房地产预售合同》所取得的收入，应确认为销售收入的实现，具体按以下规定确认。

（1）采取一次性全额收款方式销售开发产品的，应于实际收讫价款或取得索取价款凭据（权利）之日，确认收入的实现。

（2）采取分期收款方式销售开发产品的，应按销售合同或协议约定的价款和付款日确认收入的实现。付款方提前付款的，在实际付款日确认收入的实现。

（3）采取银行按揭方式销售开发产品的，应按销售合同或协议约定的价款确定收入额，其首付款应于实际收到日确认收入的实现，余款在银行按揭贷款办理转账之日确认收入的实现。

（4）采取委托方式销售开发产品的，应按以下原则确认收入的实现。

①采取支付手续费方式委托销售开发产品的，应按销售合同或协议中约定的价款于收到受托方已销开发产品清单之日确认收入的实现。

【例8-1】2×21年3月，信达房地产有限公司与立达房屋销售公司签订代理良园小区销售合同，立达房屋销售公司按销售价款的 7% 收取手续费。2×21 年 12 月，立达房屋销售公司销售房屋 2 500 平方米，平均售价 34 880 元/m²。立达房屋销售公司将销售清单提交信达房地产有限公司，并按合同约定转交售房款为 8 720 万元。

收到立达房屋销售公司通过银行转来房款，信达房地产有限公司账务处理如下。

借：银行存款　　　　　　　　　　　　　　87 200 000

　　贷：预收账款　　　　　　　　　　　　　87 200 000

立达房屋销售公司开来发票后，达房地产有限公司账务处理如下：

同时，借：销售费用——手续费　　　　　　　6 104 000

　　　　贷：银行存款　　　　　　　　　　　6 104 000

②采取视同买断方式委托销售开发产品的，属于企业与购买方签订销售合同或协议，或企业、受托方、购买方三方共同签订销售合同或协议的，如果销售合同或协议中约定的价格高于买断价格，则应按销售合同或协议中约定的价格计算的价款于收到受托方已销开发产品清单之日确认收入的实现；如果属于前两种情况中销售合同或协议中约定的价格低于买断价格，以及属于受托方与购买方签订销售合同或协议的，则应按买断价格计算的价款于收到受托方已销开发产品清单之日确认收入的实现。

（5）采取基价（保底价）并实行超基价双方分成方式委托销售开发产品的，属于由企业与购买方签订销售合同或协议，或企业、受托方、购买方三方共同签订销售合同或协议的，如果销售合同或协议中约定的价格高于基价，则应按销售合同或协议中约定的价格计算的价款于收到受托方已销开发产品清单之日确认收入的实现，企业按规定支付受托方的分成额，不得直接从销售收入中减除；如果销售合同或协议约定的价格低于基价的，则应按基价计算的价款于收到受托方已销开发产品清单之日确认收入的实现。属于由受托方与购买方直接签订销售合同的，则应按基价加上按规定取得的分成额于收到受托方已销开发产品清单之日确认收入的实现。

【例 8-2】2×21 年 1 月，旭日房地产公司开发祥发小区，将祥发小区的销售委托给白峰销售中介公司，双方签署合同，采取基价（保底价）并实行超基价双方分成方式委托销售开发产品。合同约定销售保底价 40 000 元，并由白峰销售中介公司以旭日房地产公司名义与客户签订销售合同，超过保底价部分受托方和委托方按四六分成。2×21年12月白峰销售公司提交销售清单时，销售房屋3 000平方米，实现销售收入135 000 000元，平均售价45 000元。

旭日房地产公司账务处理如下：

借：银行存款   135 000 000

  贷：合同负债   135 000 000

旭日房地产公司房屋销售款13 500万元，支付给白峰销售中介公司分成额为600万元〔（4.5—4）×3 000×40%〕，白峰销售中介公司开具发票，旭日房地产公司账务处理如下：

借：销售费用   6 000 000

  贷：银行存款   6 000 000

（6）采取包销方式委托销售开发产品的，包销期内可根据包销合同的有关约定，参照上述1至3项规定确认收入的实现；包销期满后尚未出售的开发产品，企业应根据包销合同或协议约定的价款和付款方式确认收入的实现。

8.1.2　毛利率的确定

企业销售未完工开发产品的计税毛利率由各省、自治区、直辖市税务局按下列规定进行确定：

（1）开发项目位于省、自治区、直辖市和计划单列市人民政府所在地城市城区和郊区的，不得低于15%。

（2）开发项目位于地级市城区及郊区的，不得低于10%。

（3）开发项目位于其他地区的，不得低于5%。

（4）属于经济适用房、限价房和危改房的，不得低于3%。

企业销售未完工开发产品取得的收入，应先按预计计税毛利率分季（或月）计算预计毛利额，计入当期应纳税所得额。开发产品完工后，企业应及时结算其计税成本并计算此前销售收入的实际毛利额，同时将其实际毛利额与其对应的预计毛利额之间的差额，计入当年度企业本项目与其他项目合并计算的应纳税所得额。

在年度纳税申报时，企业须出具对该项开发产品实际毛利额与预计毛利额之间差异调整情况的报告以及税务机关需要的其他相关资料。

8.1.3　企业所得税税率

根据《中华人民共和国企业所得税法》规定，我国企业所得税采用 25％的比例税率。但下列情形，可适用其他税率。

（1）非居民企业在中国境内未设立机构、场所的，或者虽设立机构、场所但取得的所得与其所设机构、场所没有实际联系的，应当就其来源于中国境内的所得缴纳企业所得税，适用税率为 20％征收企业所得税。

（2）符合条件的小型微利企业，减按 20％的税率征收企业所得税。

（3）国家需要重点扶持的高新技术企业，减按 15％的税率征收企业所得税。

8.1.4　纳税时间

根据《中华人民共和国企业所得税法》第五十四条规定：

（1）企业所得税分月或者分季预缴。

（2）企业应当自月份或者季度终了之日起 15 日内，向税务机关报送预缴企业所得税纳税申报表，预缴税款。

（3）企业应当自年度终了之日起 5 个月内，向税务机关报送年度企业所得税纳税申报表，并汇算清缴，结清应缴应退税款。

（4）企业在年度中间终止经营活动的，应当自实际经营终止之日起 60 日内，向税务机关办理当期企业所得税汇算清缴。企业应当在办理注销登记前，就其清算所得向税务机关申报并依法缴纳企业所得税。

《企业所得税法》第五十三条规定：

（1）企业所得税按纳税年度计算，纳税年度自公历1月1日起至12月31日止。

（2）企业在一个纳税年度中间开业，或者终止经营活动，使该纳税年度的实际经营期不足12个月的，应当以其实际经营期为一个纳税年度。

（3）企业依法清算时，应当以清算期间作为一个纳税年度。

法定扣除项目是据以确定企业所得税应纳税所得额的项目。企业实际发生的与取得收入有关的、合理的支出，包括成本、费用、税金、损失和其他支出，准予在计算应纳税所得额时扣除。

8.2.1 开发产品计税成本

开发产品计税成本是指企业在开发、建造开发产品过程中所发生的按照税收规定进行核算与计量的应归入某项成本对象的各项费用。开发产品计税成本支出的内容如下：

（1）土地征用费及拆迁补偿费，主要包括土地买价或出让金、大市政配套费、契税、耕地占用税、土地使用费、土地闲置费、土地变更用途和超面积补交的地价及相关税费、拆迁补偿支出、安置及动迁支出、回迁房建造支出、农作物补偿费、危房补偿费等。

（2）前期工程费，指项目开发前期发生的水文地质勘察、测绘、规划、设计、可行性研究、筹建、场地通平等前期费用。

（3）建筑安装工程费，指开发项目开发过程中发生的各项建筑安装费用。主要包括开发项目建筑工程费和开发项目安装工程费等。

（4）基础设施建设费，指开发项目在开发过程中所发生的各项基础设施支出，主要包括开发项目内道路、供水、供电、供气、排污、排洪、通讯、照明等社区管网工程费和环境卫生、园林绿化等园林环境工程费。

（5）公共配套设施费，指开发项目内发生的、独立的、非营利性的，且产权属于全体业主的，或无偿赠予地方政府、政府公用事业单位的公共配套设施支出。

（6）开发间接费，指企业为直接组织和管理开发项目所发生的，且不能将其归属于特定成本对象的成本费用性支出。主要包括管理人员工资、职工福利费、折旧费、修理费、办公费、水电费、劳动保护费、工程管理费、周转房摊销以及项目营销设施建造费等。

8.2.2 计税工资

企业所得税计税工资是指按照税法规定，在计算纳税人的应纳税所得额时，允许扣除的工资标准，包括企业以各种形式支付给职工的基本工资、浮动工资、各类补贴、津贴、奖金等。国家根据统计部门公布的物价指数，以及国家财政状况，适时对计税工资限额进行调整。

计税工资与工资薪金的概念是不同的。工资薪金，是指企业每一纳税年度支付给在本企业任职或者受雇的员工的所有现金形式或者非现金形式的劳动报酬，包括基本工资、奖金、津贴、补贴、年终加薪、加班工资，以及与员工任职或者受雇有关的其他支出，但不包括企业的职工福利费、职工教育经费、工会经费以及养老保险费、医疗保险费、失业保险费、工伤保险费、生育保险费等社会保险费和住房公积金。

根据规定，"企业发生的合理工资薪金支出，准予扣除"。"合理工资薪金"是指企业按照股东大会、董事会、薪酬委员会或相关管理机构制订的工资薪金制度规定实际发放给员工的工资薪金。因此，企业发生的合理的工资、薪金支出必须是支付给在本企业任职或受雇的员工。

在标准限额以内的工资薪金支出可以全额计算扣除，超过最高限额的部分，则要进行纳税调整，不得在企业所得税前扣除。属于国有性质的企业，其工资薪金，不得超过政府有关部门给予的限定数额；超过部分，不得计入企业工资薪金总额，也不得在计算企业应纳税所得额时扣除。

8.2.3 职工工会经费、职工福利费、职工教育经费的扣除标准

职工工会经费、职工福利费、职工教育经费的扣除。纳税人按照计税工资标准计提的职工工会经费、职工福利费、职工教育经费（不超过工资薪金总额比例分别为2%、14%、8%的部分，准予扣除），纳税人发放工资低于计税工资标准的，按其实际发放数计提三项经费。

1. 职工工会经费

根据《基层工会经费收支管理办法》（总工办发〔2017〕32号）、《中华人民共和国工会法（2016修订）》规定，工会经费不仅可以用于职工集体福利支出，还可用于年节、会员生日、婚丧嫁娶、退休离岗的慰问支出等。企

业每月按全部职工实际工资总额的 2% 向工会拨交工会会费，作为基层工会组织开展职工教育、文体、宣传等活动所发生的支出和工会组织的职工集体福利支出。

工会经费的来源：①工会会员缴纳的会费；②建立工会组织的企业、事业单位、机关按每月全部职工工资总额的百分之二向工会拨缴的经费；③工会所属的企业、事业单位上缴的收入；④人民政府的补助；⑤其他收入。

2. 职工福利费

职工福利费是指企业通过举办集体福利设施、设立各种补贴、提供服务等形式，为职工改善和提高生活质量所提供的物质帮助。职工福利包括集体福利和个人福利两部分，以集体福利为主。集体福利有两个显著特点：一是免费或优待（包括低廉收费），带有补贴性；二是以消费的形式满足广大职工的共同需要，每个职工都有平等的使用权利，如职工宿舍、浴室、食堂等设施。个人福利主要是为个别职工的特殊生活困难提供必要的货币补贴，直接支付给困难者，如职工生活困补助等。根据《国家税务总局关于企业工资薪金和职工福利费等支出税前扣除问题的公告》（国家税务总局公告 2015 年第 34 号）第一条规定，列入企业员工工资薪金制度、固定与工资薪金一起发放的福利性补贴，符合《国家税务总局关于企业工资薪金及职工福利费扣除问题的通知》（国税函〔2009〕3 号）第一条规定的，可作为企业发生的工资薪金支出，按规定在税前扣除。不能同时符合上述条件的福利性补贴，应作为国税函〔2009〕3 号文件第三条规定的职工福利费，按工资薪金总额的 14% 的部分，准予税前扣除。

财政部《关于企业新旧财务制度衔接有关问题的通知》（财企〔2008〕34 号）明确：

（1）补充养老保险属于企业职工福利范畴，由企业缴费和个人缴费共同组成。

（2）补充养老保险的企业缴费总额在工资总额 4% 以内的部分，从成本（费用）中列支。超出规定比例的部分，不得由企业负担，企业应当从职工个人工资中扣缴。个人缴费全部由个人负担。

（3）对于建立补充养老保险之前已经离退休或者按照国家规定办理内退而未纳入补充养老保险计划的职工，企业按照国家有关规定向其支付的养老费用，从管理费用中列支。

3. 职工教育经费

《财政部 税务总局关于企业职工教育经费税前扣除政策的通知》（财税〔2018〕51号）规定，自2018年1月1日起，企业发生的职工教育经费支出，不超过工资薪金总额8％的部分，准予在计算企业所得税应纳税所得额时扣除；超过部分，准予在以后纳税年度结转扣除。

企业职工教育培训经费列支范围包括：

（1）上岗和转岗培训；

（2）各类岗位适应性培训；

（3）岗位培训、职业技术等级培训、高技能人才培训；

（4）专业技术人员继续教育；

（5）特种作业人员培训；

（6）企业组织的职工外送培训的经费支出；

（7）职工参加的职业技能鉴定、职业资格认证等经费支出；

（8）购置教学设备与设施；

（9）职工岗位自学成才奖励费用；

（10）职工教育培训管理费用；

（11）有关职工教育的其他开支。

经单位批准或按国家和省、市规定必须到本单位之外接受培训的职工，与培训有关的费用由职工所在单位按规定承担。

企业职工参加社会上的学历教育以及个人为取得学位而参加的在职教育，所需费用应由个人承担，不能挤占企业的职工教育培训经费。

8.2.4 捐赠支出

公益性捐赠，是指企业通过公益性社会团体或者县级以上人民政府及其部门，用于《中华人民共和国公益事业捐赠法》规定的公益事业的捐赠。企业发生的直接捐赠支出，不能税前扣除。

1. 公益事业的范围

根据《关于公益性捐赠税前扣除有关问题的通知》（财税〔2008〕160号）第三条，公益事业具体包括：

（1）救助灾害、救济贫困、扶助残疾人等困难的社会群体和个人的活动；

（2）教育、科学、文化、卫生、体育事业；

（3）环境保护、社会公共设施建设；

（4）促进社会发展和进步的其他社会公共和福利事业。

2. 公益性捐赠税前扣除基本政策

财政部、税务总局和民政部三部门联合出台了《关于公益性捐赠税前扣除有关事项的公告》（财政部公告 2020 年第 27 号）规定，企业或个人通过公益性社会组织、县级以上人民政府及其部门等国家机关，用于符合法律规定的公益慈善事业捐赠支出，在年度利润总额 12% 以内的部分，准予在计算应纳税所得额时扣除；超过年度利润总额 12% 的部分，准予结转以后 3 年内在计算应纳税所得额时扣除。

（1）年度利润总额，是指企业依照国家统一会计制度的规定计算的大于零的数额。

（2）在计算公益性捐赠支出年度扣除限额时，不包括可据实扣除的扶贫捐赠金额。

8.2.5 业务招待费

业务招待费，是指纳税人为生产、经营业务的合理需要而发生的交际应酬费用。税法规定，纳税人发生的与生产、经营业务有关的业务招待费，由纳税人提供确实记录或单据，按实际发生额的 60% 和营业收入的 5‰ 孰低进行扣除。

8.2.6 经营业务发生的支出

2018 年 6 月 6 日，国家税务总局发布《企业所得税税前扣除凭证管理办法》（国家税务总局公告〔2018〕28 号，以下简称《管理办法》），放宽了税前扣除凭证的范围，财政票据、完税凭证、收款凭证、分割单等也可以作为税前扣除凭证，但是发票仍然是最重要的税前扣除凭证。

税前扣除凭证根据取得来源可分为内部凭证和外部凭证。内部凭证是指企业自制用于成本、费用、损失和其他支出核算的会计原始凭证，其填制和使用应当符合国家会计法律、法规等相关规定。而外部凭证是企业从其他单位、个人取得的凭证，包括发票（包括纸质发票和电子发票）、财政票据、完税凭证、收款凭证、分割单等，具体内容见表 8-1。

表 8-1　税前扣除凭证

分类	支出类别	对象	税前扣除凭证
外部凭证	增值税应税项目	对方已经办理税务登记（例如采购货物、服务）	增值税专用发票、增值税普通发票
		对方为依法无须办理税务登记，或者是从事小额零星经营业务的个人	税务机关代开的发票
			收款凭证（须载明收款单位名称、个人姓名及身份证号、支出项目、收款金额等信息）
			内部凭证（与收款凭证兼有）
内部凭证	非增值税应税项目	支付给单位的（例如政府性基金、行政事业类收费、税金、五险一金、土地出让金、工会经费、公益性捐赠支出等）	对开具发票以外的其他外部凭证，但是如果可以开具发票的，发票仍然可以作为税前扣除凭证（比如财政票据、完税凭证、相关部门收款凭证等）
		支付给个人	内部凭证
	境外发生的支出	支付给境外货物或者劳务供应商	对方开具的发票
			具有发票性质的收款凭证
			相关税费缴纳凭证
小额零星经营业务	判断标准是个人从事应税项目经营业务的销售额不超过增值税相关政策规定的起征点		

8.3　企业所得税额的计算

企业所得税是根据企业收入总额减去成本支出总额，再乘以适用税率计算得出。

8.3.1　收入总额

根据《中华人民共和国企业所得税法》（中华人民共和国主席令第 63 号）第六条规定：企业以货币形式和非货币形式从各种来源取得的收入，为收入总额。包括：

（1）销售货物收入；

（2）提供劳务收入；

（3）转让财产收入；

（4）股息、红利等权益性投资收益；

（5）利息收入；

（6）租金收入；

（7）特许权使用费收入；

（8）接受捐赠收入；

（9）其他收入。

其他收入，是指企业取得的除企业所得税法第六条第（1）项至第（8）项规定的收入外的其他收入，包括企业资产溢余收入、逾期未退包装物押金收入、确实无法偿付的应付款项、已作坏账损失处理后又收回的应收款项、债务重组收入、补贴收入、违约金收入、汇兑收益等。

根据《中华人民共和国企业所得税法》，企业所得税分月或者分季预缴。企业应当自月份或者季度终了之日起 15 日内，向税务机关报送预缴企业所得税纳税申报表，预缴税款。年度终了后 5 个月内汇算清缴，多退少补。

8.3.2 应纳税所得额计算方法

应纳税所得额有两种计算方法：一是直接法；二是间接法。

1. 直接计算法

应纳税所得额＝收入总额－不征税收入－免税收入－各项扣除金额－
弥补亏损

2. 间接计算法

应纳税所得额＝会计利润总额±纳税调整项目金额

8.3.3 债务法

我国所得税会计经历了应付税款法、纳税影响会计法（又分为递延法和债务法）和资产负债表债务法三个阶段。新准则摒弃了应付税款法和递延法，规定采用资产负债表债务法，此规定与国际会计准则一致。

企业所得税核算应采用资产负债表债务法，对当期应交所得税加以调整计算后，据以确认应从当期利润总额中扣除的所得税费用，通过"所得税费用"科目核算。

（1）无递延所得税的情况。

①计算。

借：所得税费用
　　　贷：应交税费——应交所得税

②交纳。

借：应交税费——应交所得税
　　　贷：银行存款

③结转入本年利润。

借：本年利润
　　　贷：所得税费用

（2）有递延所得税的情况。

所得税费用＝当期所得税＋递延所得税费用－递延所得税收益

8.4　所得税的会计处理方法

会计所得与应税所得额，由于存在永久性和时间性的差异，应采用不同的会计处理方法。

8.4.1　当期所得税与递延所得税

采用资产负债表债务法核算时，利润表中的所得税费用是由当期所得税和递延所得税两部分组成。

1. 当期所得税

当期所得税是指企业按照税法规定，计算确定的针对当期发生的交易和事项，应缴纳税务部门的所得税金额，即当期应交所得税。

当期所得税（即应交所得税）＝当期应纳税所得额×所得税率

当期所得税不是利润表中的所得税费用，而是当期确认的应交所得税。企业在确定当期应交所得税时，对于当期发生的交易或事项，会计处理与税收处理不同的，应在会计利润的基础上，按照适用税收法规的规定进行调整，计算出当期应纳税所得额。

应纳税所得额的计算公式有不同的表述方法。

公式1：应纳税所得额＝每一纳税年度的收入总额－不征税收入－免税收入－各项成本扣除－允许弥补的以前年度亏损；

公式2：应纳税所得额＝会计利润±纳税调整额

＝会计利润±永久性差异纳税调整额±暂时性差异纳税调整额

＝会计利润＋纳税调整增加项目金额－纳税调整减少项目金额

此处的所得税费用实质上指的是利润表中的所得税费用项目。

计算公式为：

当期应缴所得税（应纳税额）＝应纳税所得额×适用税率－减免税额

2. 递延所得税

递延所得税是根据规定的，应予确认递延所得税资产和递延所得税负债。递延所得税资产，核算企业在未来期间可以抵减的所得税；递延所得税负债，核算企业在未来期间应缴纳的所得税。计算公式如下：

递延所得税＝（递延所得税负债的期末余额－递延所得税负债的期初余额）－（递延所得税资产的期末余额－递延所得税资产的期初余额）

3. 所得税费用

利润表中的所得税费用＝当期所得税＋递延所得税

另外，纳税人不能提供完整的、准确的收入、成本及费用凭证，不能正确计算应纳税所得额的税务机关核定应纳税所得额。计算公式为：

应纳企业所得税税额＝税务机关核定应纳税所得额×25％

本期应缴企业所得税＝本期利润总额×25％－本年度已预缴的企业所得税额

【例8-3】恒通房地产开发有限公司适用的所得税税率为25％。2×21年12月31日期初余额资料，见表8-2。

表 8-2　期初余额资料

期初	应纳税暂时性差异	可抵扣暂时性差异	递延所得税资产	递延所得税负债
交易性金融资产	250			62.5
预计负债		300	75	

2×20 年 12 月 31 日期末余额资料：交易性金融资产账面价值为 4 800 万元，计税基础为 4 400 万元；预计负债账面价值为 500 万元，计税基础为 0 万元。

除上述项目外，该企业其他资产、负债的账面价值与其计税基础不存在差异。该企业预计在未来期间能够产生足够的应纳税所得额用来抵扣可抵扣暂时性差异。2×21 年税前会计利润为 5 700 万元。

递延所得税负债发生额＝（4 800－4 400）×25％－62.5＝37.5（万元）

递延所得税资产发生额＝500×25％－75＝50（万元）

应交所得税＝[5 700－（400－250）＋（500－300）]×25％
　　　　　＝1 437.50（万元）

递延所得税费用＝37.50－50＝－12.50（万元）

所得税费用＝1 437.50－12.50＝1 425（万元）

借：所得税费用　　　　　　　　　　　　　　　　1 425

　　递延所得税资产　　　　　　　　　　　　　500 000

　贷：应交税费——应交所得税　　　　　　　14 375 000

　　　递延所得税资产负债　　　　　　　　　　375 000

8.4.2　企业所得税的计算与申报

【例 8-4】远大房开发地产有限公司为居民企业，2×21 年发生经营业务如下。

（1）取得房地产销售收入 8 950 万元。

（2）发生房地产结转成本 5 780 万元。

（3）发生销售费用 1 100 万元（其中广告费 573 万元）；管理费用 245 万元（其中业务招待费 120 万元）；财务费用 87 万元。

（4）销售税金 420 元（含增值税 210 万元）。

（5）营业外收入 214 万元，营业外支出 102 万元（含通过公益性社会团体向贫困山区捐款 34 万元，支付税收滞纳金 11.2 万元）。

（6）某项固定资产账面价值 145 万元，计税基础为 175 万元，产生可抵扣暂时性差异 30 万元。

（7）计入成本、费用中的实发工资总额 430 万元，拨缴职工工会经费 9.5 万元，发生职工福利费 92 万元，发生职工教育经费 8.5 万元。

根据以上业务，计算 2×21 年度实际应纳的企业所得税。

①会计利润总额＝8 950＋214－5 780－1 100－245－87－（420－210）－102＝1 640（万元）

②广告费扣除限额＝8 950×15％＝1 342.50（万元）

广告费所得税前允许扣除额为 1 342.50 万元，573 万元小于 1 342.50 万元，不需扣除。

③企业发生的与生产经营活动有关的业务招待费支出，按照发生额的 60％扣除，但最高不得超过当年销售（营业）收入的 0.5％。即 8 950×0.5％＝44.75（万元）

业务招待费发生额为 120 万元，120×60％＝72（万元）

业务招待费调增所得额＝120－44.75＝75.25（万元）

④捐赠支出允许扣除限额＝1 640×12％＝196.80（万元）

196.80 元大于捐赠支出 34 万元，故无须调整。

⑤工会经费应调增所得额＝9.5－430×2％＝0.9（万元）

⑥职工福利费应调增所得额＝92－430×14％＝31.80（万元）

⑦职工教育经费允许扣除额＝430×8％＝34.40（万元）

8.5 万元小于 34.40 万元，无须调整。

⑧支付税收滞纳金 11.20 万元不得扣除，应调回。

⑨应纳税所得额＝1 640＋75.25＋0.9＋31.80＋11.20＝1 759.15（万元）

⑩2×21 年应缴企业所得税＝1 759.15×25％＝439.79（万元）

某固定资产递延所得税收益＝30×25％＝7.5（万元）

确认所得税费用＝439.79－7.5＝432.29（万元）

借：所得税费用　　　　　　　　　　　　　　　4 322 900

　　递延所得税资产　　　　　　　　　　　　　　75 000

　　贷：应交税费——应交所得税　　　　　　　4 397 900

填报本季度企业所得税申报表，见表 8-3。

表 8-3 中华人民共和国企业所得税月（季）度预缴纳税申报表（A类）

税款所属期间：2×21 年 10 月 1 日至 2×21 年 12 月 31 日
纳税人识别号（统一社会信用代码）：3950239625836 7574H
纳税人名称：远大房开发地产有限公司

金额单位：人民币元（列至角分）

预缴方式	□按照实际利润额预缴		□按照上一纳税年度应纳税所得额平均额预缴		□按照税务机关确定的其他方法预缴			
企业类型	□一般企业		□跨地区经营汇总纳税企业总机构		□跨地区经营汇总纳税企业分支机构			
按 季 度 填 报 信 息								
项 目	一季度		二季度		三季度		四季度	季度平均值
	季初	季末	季初	季末	季初	季末	季初	季末
从业人数								
资产总额（万元）								
国家限制或禁止行业	□是□否			小型微利企业		□是□否		
预 缴 税 款 计 算								
行次	项 目							本年累计金额
1	营业收入							895 00 000

続上表

行次	预缴税款计算 项目	本年累计金额
2	营业成本	57 800 000
3	利润总额	16 400 000
4	加：特定业务计算的应纳税所得额	
5	减：不征税收入	
6	减：免税收入、减计收入、所得减免等优惠金额（填写A201010）	
7	减：资产加速折旧、摊销（扣除）调减额（填写A201020）	
8	减：弥补以前年度亏损	
9	实际利润额（3+4-5-6-7-8）\按照上一纳税年度应纳税所得额平均额确定的应纳税所得额	17 591 500
10	税率（25%）	25%
11	应纳所得税额（9×10）	4 397 900
12	减：减免所得税额（填写A201030）	
13	减：实际已缴纳所得税额	
14	减：特定业务预缴（征）所得税额	
15	减：符合条件的小型微利企业延缓缴纳所得税额（是否延缓缴纳所得税 □是 □否）	
16	本期应补（退）所得税额（11-12-13-14-L15）\税务机关确定的本期应纳税所得额	4 397 900

		汇 总 纳 税 企 业 总 分 机 构 税 款 计 算	
总机构填报	17	总机构本期分摊应补(退)所得税额(17+18+19)	
	18	其中:总机构分摊应补(退)所得税额(15×总机构分摊比例__%)	
	19	财政集中分配应补(退)所得税额(15×财政集中分配比例__%)	
	20	总机构具有主体生产经营职能的部门分摊所得税额(15×全部分支机构分摊比例__%×总机构具有主体生产经营职能部门分摊比例__%)	
分支机构填报	21	分支机构本期分摊比例	
	22	分支机构本期分摊应补(退)所得税额	

附 报 信 息			
高新技术企业	□是□否	科技型中小企业	□是□否
技术入股递延纳税事项	□是□否		

谨声明:本纳税申报表是根据国家税收法律法规及相关规定填报的,是真实的、可靠的、完整的。

纳税人(签章): 年月日

经办人: 经办人身份证号: 代理机构签章: 代理机构统一社会信用代码:	受理人: 受理税务机关(章): 受理日期:年月日

国家税务总局监制

企业所得税按年计算，但为了保证税款及时、均衡入库，对企业所得税采取分期（按月或季）预缴、年终汇算清缴的办法。纳税人预缴所得税时，应当按纳税期限的实际数预缴，按实际数预缴有困难的，可以按上一年度应纳税所得额的 1/12 或 1/4，或者经当地税务机关认可的其他方法分期预缴所得税。预缴方法一经确定，不得随意改变。

8.5　企业所得税汇算清缴

根据《企业所得税汇算清缴管理办法》，凡在纳税年度内从事生产、经营（包括试生产、试经营），或在纳税年度中间终止经营活动的纳税人，无论是否在减税、免税期间，也无论盈利或亏损，均应按照企业所得税法及其实施条例和本办法的有关规定进行企业所得税汇算清缴。实行核定定额征收企业所得税的纳税人，不进行汇算清缴。

企业所得税汇算清缴，是指纳税人自纳税年度终了之日起 5 个月内或实际经营终止之日起 60 日内，依照税收法律、法规、规章及其他有关企业所得税的规定。

8.5.1　一般企业汇算清缴

自行计算本纳税年度应纳税所得额和应纳所得税额，根据月度或季度预缴企业所得税的数额，确定该纳税年度应补或者应退税额。

并填写企业所得税年度纳税申报表，向主管税务机关办理企业所得税年度纳税申报、提供税务机关要求提供的有关资料、结清全年企业所得税税款的行为。

（1）核查企业收入是否全部入账，特别是往来款项是否还存在该确认为收入而没有入账；

（2）核查企业成本结转与收入是否匹配，是否真实反映企业成本水平；

（3）核查企业费用支出是否符合相关税法规定，计提费用项目和税前列支项目是否超过税法规定标准；

（4）核查企业各项税款是否提取并缴纳；

（5）用企业当年实现的利润对以前年度发生亏损的合法弥补（5年内）；

（6）对以上项目按税法规定分别进行调增和调减后，依法计算本企业年度应纳税所得额，从而计算并缴纳本年度实际应当缴纳的所得税税额。

对所属年度的所得税费用的调整属于对所属年度财务报表信息的更正，应通过"以前年度损益调整——所得税费用"科目，进而结转计入"利润分配——未分配利润"科目，并调整计提的盈余公积等科目。

【例8-5】恒昌建筑工程有限公司经税务机关同意，每个季度按实际利润数预缴所得税。2×21年第一季度实现利润总额580万元，第二季度实现利润总额为610万元，第三季度实现利润总额为340万元，第四季度实现利润总额为430万元。2×21年全年应纳税所得额为2 500万元。计算2×21年各季度应预缴和年终汇算清缴的企业所得税税额。

第一季度预缴所得税＝580×25％＝145（万元）

第二季度预缴所得税＝610×25％＝152.50（万元）

第三季度预缴所得税＝340×25％＝85（万元）

第四季度预缴所得税＝430×25％＝107.50（万元）

四个季度共预缴490万元

汇算应补（退）所得税税额＝全年应纳所得税税额－各月（季）预缴所得税税额合计

应补缴所得税＝2 500×25％－490＝135（万元）

8.5.2 跨地区企业所得税汇算清缴

跨地区经营汇总纳税是指居民企业在中国境内跨省、自治区、直辖市和计划单列市，设立不具有法人资格分支机构，实行"统一计算、分级管理、就地预缴、汇总清算、财政调库"的企业所得税征收管理办法。根据《国家税务总局关于印发〈跨地区经营汇总纳税企业所得税征收管理办法〉的公告》（国家税务总局2012年第57号）规定，对跨地区经营汇总纳税作出了具体规定。

（1）总机构按以下公式计算分摊税款：

总机构分摊税款＝汇总纳税企业当期应纳所得税额×50％

（2）分支机构按以下公式计算分摊税款：

所有分支机构分摊税款总额＝汇总纳税企业当期应纳所得税额×50％

某分支机构分摊税款＝所有分支机构分摊税款总额×该分支机构分摊比例

（3）总机构应按照上年度分支机构的营业收入、职工薪酬和资产总额三个因素计算各分支机构分摊所得税款的比例；三级及以下分支机构，其营业收入、职工薪酬和资产总额统一计入二级分支机构；三因素的权重依次为0.35、0.35、0.30。

计算公式如下：

某分支机构分摊比例＝（该分支机构营业收入÷各分支机构营业收入之和）×0.35＋（该分支机构职工薪酬÷各分支机构职工薪酬之和）×0.35＋（该分支机构资产总额÷各分支机构资产总额之和）×0.30

【例8-6】甲建筑集团公司机构所在地为深圳，适用25％企业所得税，下属A、B、C三个子公司。A公司位于长沙，适用25％企业所得税；B公司位于福州，适用25％企业所得税；C公司位于天津，适用25％企业所得税。2×20年，甲建筑集团公司汇总应纳税所得额3 000万元，总机构分摊1 500万元，三个分公司共分摊1 500万元。经测算，A、B、C三家子公司企业所得税分摊比例分别是0.25、0.4、0.35。

根据上述资料，计算各公司应分摊的企业所得税额。

（1）总机构分摊税额。

总机构应纳税额＝总机构分摊应纳税所得额×总机构适用税率

甲建筑集团公司＝3 000×50％×25％＝375（万元）

（2）分支机构按分摊比例分摊税额。

各分支机构应纳税额＝分支机构分摊应纳税所得额合计数×各分支机构分摊比例×适用税率

A公司应纳税额＝1 500×0.25×25％＝93.75（万元）

B公司应纳税额＝1 500×0.4×25％＝150（万元）

C公司应纳税额＝1 500×0.35×25％＝131.25（万元）

（3）计算总应纳税额。

总分机构总应纳税额＝总机构应纳税额＋各分支机构应纳税额合计
＝375＋93.75＋150＋131.25＝750（万元）

填报企业所得税汇总纳税分支机构分配表，见表8-4。

表 8-4　企业所得税汇总纳税分支机构所得税分配表

金额单位：元

应纳所得税额	总机构分摊所得税额	总机构财政集中分配所得税额		分支机构分摊所得税额
30 000 000	3 750 000			3 750 000

分支机构情况	分支机构统一社会信用代码（纳税人识别号）	分支机构名称	三项因素			分配比例	分配所得税额
			营业收入	职工薪酬	资产总额		
	3252934—28	A公司	1 500			0.25	937 500
	742036270	B公司	1 500			0.4	1 500 000
	746924262	C公司	1 500			0.35	1 312 500
	合计		30 000 000				7 500 000

第 9 章
土地增值税征收与清算

2019 年 7 月 16 日，财政部就《中华人民共和国土地增值税法（征求意见稿）》向社会公开征求意见，土地增值税立法为时不远。

土地增值税一般要素包括纳税义务人、征税范围、税率、计税依据、计算方法等。

1. 纳税义务人

转让国有土地使用权、地上的建筑及其附着物并取得收入的单位和个人。

2. 征税范围

根据《中华人民共和国土地管理法》，基本征税范围，见表9-1。

表 9-1　征税范围

	项　目	规　定
1	转让国有土地使用权	凡转让国有土地使用权，地上建筑物及其附着物并取得收入的行为都应缴纳土地增值税
2	出售房地产	①转让国有土地使用权；②取得国有土地使用权进行房地产开发并销售；③存量房地产转让
3	出租房地产	"以租代售、无限期出租房地产"等规避土地增值税的行为
4	房地产抵押	抵押期满，不能偿还债务以房地产抵债
5	房地产交换	单位之间、单位与个人之间换房
6	以房地产投资、联营	直接投资到房地产开发企业或者房地产开发企业以其开发的商品房投资联营
7	合作建房	建成后转让

不征或免征土地增值税的情形，见表 9-2。

表 9-2　不征或免征土地增值税的情形

序号	项　目	不征税情形
1	房地产继承、赠予	继承不属于征税范围；特定赠予不属于征税范围（公益性、直系亲属或直接赡养义务人）
2	房地产出租	不属于征税范围
3	房地产抵押	抵押期不属于征税范围
4	房地产交换	个人互换自有居住用房地产，经税务核实，可免征
5	合作建房	建成后按比例分房自用，暂免征税
6	代建房	不属于征税范围
7	房地产重新评估	不属于征税范围（实际转让时产生增值要征税）

3. 税率

土地增值税率，见表 9-3。

表 9-3　四级超率累进税率

级数	增值额与扣除项目金额的比率	税率	速算扣除系数
1	不超过 50％的部分	30％	0
2	超过 50％至 100％的部分	40％	5％
3	超过 100％至 200％的部分	50％	15％
4	超过 200％的部分	60％	35％

4. 计税依据

土地增值税的计税依据是转让房地产所取得的增值额。土地增值额为纳税人转让房地产所取得的收入（包括货币收入、实物收入和其他收入）减除规定扣除项目金额后的余额。

土地增值额＝出售房地产取得的收入－扣除项目的金额

根据政策规定，土地增值额的扣除项目金额，见表9-4。

表9-4　允许扣除的项目

1	取得土地使用权所支付的金额	①含登记过户费及契税。 ②契税不因土地出让金的减免而减免。 ③不包括土地闲置费（所得税中可扣）
2	房地产开发成本	①土地征用及拆迁补偿费； ②前期工程费； ③建筑安装工程费； ④基础设施费； ⑤公共配套设施费； ⑥开发间接费用（包括精装修费用）； ⑦质量保证金如计入发票中，则可以扣除
3	房地产开发费用	（1）不能按项目计算分摊利息，或不能提供贷款证明的： 开发费用＝（地价款及费用＋开发成本）×10％以内 （注：全部采用自有资金，没有利息支出的，按此方法扣除） （2）能按项目计算分摊利息，并能提供贷款证明的： 开发费用＝利息＋（地价款及费用＋开发成本）×5％以内 （注：①不能超过按商业银行同类同期银行贷款利率计算的金额；②不包括超过规定上浮幅度的部分、超期利息、加罚利息；③计入开发成本的利息，在清算时应调整至财务费用中计算扣除）
4	与转让房地产有关的税金	城市维护建设税、教育费附加、地方教育附加
5	其他扣除项目	仅适用于房企新建房：（只卖地、卖存量房不能扣） 加计扣除费用＝（取得土地使用权支付的金额＋房地产开发成本）×20％

（1）纳税人为取得土地使用权支付的地价款包括：

①出让方式取得的地价款为支付的土地出让金；

②以行政划拨方式取得的地价款为按规定补交的土地出让金；

③以转让方式取得的地价款为向原土地使用权人实际支付的地价款。

（2）纳税人在取得土地使用权时国家统一规定交纳的有关税费，如登记、过户手续费和契税。

（3）开发土地和新建房及配套设施的成本（简称"房地产开发成本"），是纳税人房地产开发项目实际发生的成本，包括：

①土地征用及拆迁补偿费，包括土地征用费、耕地占用税、劳动力安置费及有关地上、地下附着物拆迁补偿的净支出，安置动迁用房支出等。

②前期工程费，包括规划、设计、项目可行性研究和水文、地质、勘察、测绘、"三通一平"等支出。

③建筑安装工程费，是指以出包方式支付给承包单位的建筑安装工程费，以自营方式发生的建筑安装工程费。

④基础设施费，包括开发小区内道路、供水、供电、供气、排污、排洪、通信、照明、环卫、绿化等工程发生的支出。

⑤公共配套设施费，包括不能有偿转让的开发小区内公共配套设施发生的支出。

⑥开发间接费用，是指直接组织、管理开发项目发生的费用，包括工资、职工福利费、折旧费、修理费、办公费、水电费、劳动保护费、周转房摊销等。

（4）开发土地和新建房及配套设施的费用（简称"房地产开发费用"）：①销售费用；②管理费用；③财务费用。

开发费用在从转让收入中减除时，不是按实际发生额，而是按标准扣除，标准的选择取决于财务费用中的利息支出。

（5）纳税人能够按转让房地产项目计算分摊利息支出，并能提供金融机构的贷款证明的。

①利息支出据实扣，但最高不能超过按商业银行同类同期贷款利率计算的金额；

②其他开发费用按地价款和房地产开发成本计算的金额之和的5％以内计算扣除，公式如下：

房地产开发费用＝利息＋（取得土地使用权所支付的金额＋房地产开发成本）×5％（以内）

（6）纳税人不能按转让房地产项目计算分摊利息支出，或不能提供金额金融机构贷款证明的，房地产开发费用按土地价款和房地产开发成本金额之和的10％以内计算扣除。

公式如下：

房地产开发费用＝（取得土地使用权所支付的金额＋房地产开发成本）×
10%（以内）

9.3 土地增值税清算

根据《国家税务总局关于印发〈土地增值税清算管理规程〉的通知》（国税发〔2009〕91号）规定，土地增值税清算，是指纳税人在符合土地增值税清算条件后，依照税收法律、法规及土地增值税有关政策规定，计算房地产开发项目应缴纳的土地增值税税额，并填写《土地增值税清算申报表》，向主管税务机关提供有关资料，办理土地增值税清算手续，结清该房地产项目应缴纳土地增值税税款的行为。

9.4 土地增值税清算条件

符合下列情形之一的，纳税人应进行土地增值税的清算：

（1）房地产开发项目全部竣工、完成销售的；

（2）整体转让未竣工决算房地产开发项目的；

（3）直接转让土地使用权的。

符合下列情形之一的，主管税务机关可要求纳税人进行土地增值税清算：

（1）已竣工验收的房地产开发项目，已转让的房地产建筑面积占整个项目可售建筑面积的比例在85%以上，或该比例虽未超过85%，但剩余的可售建筑面积已经出租或自用的；

（2）取得销售（预售）许可证满3年仍未销售完毕的；

（3）纳税人申请注销税务登记但未办理土地增值税清算手续的；

（4）省级税务机关规定的其他情况。

9.4.1 清算审核

清算审核包括案头审核、实地审核。

（1）案头审核是指对纳税人报送的清算资料进行数据、逻辑审核，重点审核项目归集的一致性、数据计算准确性等。

（2）实地审核是指在案头审核的基础上，通过对房地产开发项目实地查验等方式，对纳税人申报情况的客观性、真实性、合理性进行审核。

清算审核时，应审核房地产开发项目是否以国家有关部门审批、备案的项目为单位进行清算；对于分期开发的项目，是否以分期项目为单位清算；对不同类型房地产是否分别计算增值额、增值率，缴纳土地增值税。

土地增值税扣除项目审核的内容包括：

1. 取得土地使用权所支付的金额

（1）以出让方式取得土地使用权的，地价款为纳税人所支付的土地出让金；以行政划拨方式取得土地使用权的，地价款为按照国家有关规定补交的土地出让金；以转让方式取得土地使用权的，地价款为向原土地使用人实际支付的地价款。

（2）房地产开发企业因接受投资入股而取得土地使用权的（投资时暂不征收土地增值税的），其土地成本以投资方取得土地使用权时所支付的金额进行确认。

（3）房地产开发企业因接受投资入股而取得土地使用权的（投资时征收土地增值 税的），其土地成本以投资方以土地使用权作价入股的金额进行确认。

（4）纳税人为取得土地使用权所支付的契税计入"取得土地使用权所支付的金额"准予扣除。

（5）对纳税人因容积率调整等原因补缴的土地出让金及契税，准予扣除。

2. 土地征用及拆迁补偿费

土地征用及拆迁补偿费包括土地征用费、耕地占用税、劳动力安置费及有关地上、地下附着物拆迁补偿的净支出、安置动迁用房支出等。拆迁补偿费必须是真实发生和实际支出的，支付给被拆迁人的拆迁补偿、拆迁（回迁）合同和签收花名册或签收凭据一一对应。

（1）纳税人用建造的本项目房地产安置回迁户的，安置用房按视同销售处理，并按照国税发〔2006〕187号文件第三条第（一）款规定确认收入，同时将此确认为房地产开发项目的拆迁补偿费。纳税人支付给回迁户的补差价款，计入拆迁补偿费；回迁户支付给纳税人的补差价款，应抵减本项目拆迁补偿费。

（2）纳税人采取异地安置，异地安置的房屋属于自行开发建造的，房屋价值按国税发〔2006〕187号文件第三条第（一）款规定计算，计入本项目的拆迁补偿费；异地安置的房屋属于购入的，以实际支付的购房支出计入拆迁补偿费。

（3）货币安置拆迁的，房地产开发企业凭合法有效凭据计入拆迁补偿费。

3. 前期工程费、基础设施费

前期工程费、基础设施费应当是真实发生的，虚列的前期工程费、基础设施费不予扣除。纳税人委托其他单位进行规划、设计、项目可行性的研究和水文、地质、勘察、测绘的，提供服务的单位应当符合相关法律、法规的要求。

4. 建筑安装工程费

建筑安装工程费实际发生额应当与工程结（决）算报告、审计报告、工程施工合同记载的内容相符，并已取得合法有效的票据。

（1）纳税人采用自营方式自行施工建设的，应准确核算施工人工费、材料费、机械台班使用费等。

（2）纳税人在工程竣工验收后，根据合同约定扣留的质量保证金，在清算截止日已取得建筑安装施工企业发票的，按发票所载金额予以扣除；未取得发票的，扣留的质保金不得计算扣除。

（3）纳税人应确保所取得相关发票的真实性和所载金额的准确性，以及所提供建筑安装工程费与施工方登记的建安项目开票信息一致。

纳税人销售已装修房屋，其发生的合理的装修费用可以计入房地产开发成本。

（1）纳税人销售已装修房屋，应当在《房地产买卖合同》或补充合同中明确约定。没有明确约定的，其装修费用不得计入房地产开发成本。

（2）纳税人销售已装修房屋时，随房屋一同出售的家具、家电，如果安装后不可移动，成为房屋的组成部分，并且拆除后影响或丧失其使用功能的，如整体中央空调、户式小型中央空调、固定式衣柜橱柜等，其外购成本计入开发成本予以扣除。

（3）纳税人在清算单位以外单独建筑样板房的，其建造费用、装修费用不得计入房地产开发成本。纳税人在清算单位内装修的样板房并作为开发产品对外转让的，且《房地产买卖合同》明确约定装修价值体现在转让价款中的，其发生的合理的样板房装修费用可以计入房地产开发成本。

5. 公共配套设施费

（1）建成后产权无偿移交政府、公用事业单位用于非营利性社会公共事业的，其成本、费用可扣除。

（2）建成后有偿转让的，应计算收入，并准予扣除成本、费用。

（3）纳税人预提的公共配套设施费不得扣除。

（4）纳税人未移交的公共配套设施转为企业自用或用于出租等商业用途时，不予扣除相应的成本、费用。

6. 开发间接费

开发间接费用与纳税人期间费用应按照现行《企业会计准则》或《企业会计制度》的规定分别核算。划分不清的、核算混乱的期间费用，全部作为房地产开发费用扣除。

（1）财务费用中的利息支出，凡能够按转让房地产项目计算分摊并提供金融机构证明的，允许据实扣除，但最高不能超过商业银行同类同期贷款利率计算的金额。其他房地产开发费用，按照"取得土地使用权所支付的金额"与"房地产开发成本"金额之和的5%扣除。

（2）凡不能转让房地产项目计算分摊利息支出或不能提供金融机构证明的，房地产开发费用在按"取得土地使用权所支付的金额"与"房地产开发成本"金额之和的10%计算扣除。全部使用自有资金，没有利息支出的，按照本项规定扣除。

（3）纳税人既向金融机构借款，又有其他借款的，其房地产开发费用计算扣除时不能同时适用 以上所述两种方法。

（4）清算时已计入房地产开发成本的利息支出，应调整至财务费用中计算扣除。

（5）纳税人据实列支利息支出的，应当提供贷款合同、利息结算单据或发票。

（6）纳税人向金融机构支付的财务咨询费等非利息性质的款项，不得作为利息支出扣除。

（7）纳税人向金融机构借款，因逾期还款，金融机构收取的超过贷款期限的利息、罚息等款项，不得作为利息支出扣除。

7. 与转让房地产有关的税金

与转让房地产有关的税金包括转让房地产时缴纳的城市维护建设税、教育费附加和地方教育费附加视同税金扣除。

8. 国家规定的其他扣除项目

对从事房地产开发的纳税人可"取得土地使用权所支付的金额"与"房地产开发成本"金额之和，加计 20% 扣除。

9.4.2 扣除凭证的要求

审核扣除项目是否符合下列要求：

（1）在土地增值税清算中，计算扣除项目金额时，其实际发生的支出应当取得但未取得合法凭据的不得扣除；

（2）扣除项目金额中所归集的各项成本和费用，必须是实际发生的；

（3）扣除项目金额应当准确地在各扣除项目中分别归集，不得混淆；

（4）扣除项目金额中所归集的各项成本和费用必须是在清算项目开发中直接发生的或应当分摊的；

（5）纳税人分期开发项目或者同时开发多个项目的，或者同一项目中建造不同类型房地产的，应按照受益对象，采用合理的分配方法，分摊共同的成本费用；

（6）对同一类事项，应当采取相同的会计政策或处理方法。会计核算与税务处理规定不一致的，以税务处理规定为准。

9.5　土地增值税清算时间

土地增值税清算时间纳税人应当在满足条件之日起 90 日内到主管税务机关办理清算手续。土地增值税的计税依据是纳税人转让房地产取得的增值额。转让房地产的增值额是纳税人转让房地产的收入减除税法规定的扣除项目金额后的余额。

【例 9-1】绿洲房地产开发公司出售天雅写字楼，收入总额为 22 500 万元。开发该写字楼有关支出为：支付土地价款及各种费用 5 045 万元；房地产开发成本 6 790 万元；财务费用中的利息支出为 420 万元（可按转让项目计算分摊并提供金融机构证明），但其中有 139 万元属于加罚的利息；转让环节缴纳的有关税费共计为 570 万元；该单位所在地政府规定的其他房地产开发费用计算扣除比例为 5%。

根据上述资料，计算该公司应交土地增值税额。

（1）取得土地使用权支付的土地价款及有关费用为 5 045 万元。

（2）房地产开发成本为 6 790 万元。

（3）房地产开发费用＝420－139＋（5 045＋6 790）×5%

$$＝281＋591.75$$

$$＝872.75（万元）$$

（4）允许扣除的税费为 570 万元。

（5）从事房地产开发的纳税人加计扣除 20%。

加计扣除额＝（5 045＋6 790）×20%＝2 367（万元）

（6）允许扣除的项目金额合计＝5 045＋6 790＋872.75＋570＋2 367

$$＝15 644.75（万元）$$

（7）增值额＝22 500－15 644.75＝6 855.25（万元）

（8）增值率＝6 855.25÷15 644.75×100%＝43.82%

（9）应纳税额＝6 855.25×30%

$$＝2 056.58（万元）$$

土地增值税清算范本，见表 9-5。

表9-5 土地增值税纳税申报表（二）

（从事房地产开发的纳税人清算适用）

税款所属时间：2×20年1月1日至2×22年1月1日　填表日期：2×22年1月5日　金额单位：元至角分　面积单位：平方米

纳税人识别号 □□□□□□□□

纳税人名称	绿洲房地产开发公司	项目名称	天雅写字楼	项目编号	××	项目地址	××
所属行业	房地产	登记注册类型	××	纳税人地址	××	邮政编码	××
开户银行	××	银行账号	××	主管部门		电话	

总可售面积					
已售面积	其中：普通住宅已售面积		自用和出租面积	其中：非普通住宅已售面积	其中：其他类型房地产已售面积

项　目	行次	金额			
		普通住宅	非普通住宅	其他类型房地产	合计
一、转让房地产收入总额 1=2+3+4	1				
其中 货币收入	2	225 000 000			
实物收入及其他收入	3				
视同销售收入	4				
二、扣除项目金额合计 5=6+7+14+17+21+22	5				
1.取得土地使用权所付的金额	6	50 450 000			
2.房地产开发成本 7=8+9+10+11+12+13	7	67 900 000			

项　目		行次	金　额			合计
			普通住宅	非普通住宅	其他类型房地产	
其中	土地征用及拆迁补偿费	8				
	前期工程费	9				
	建筑安装工程费	10				
	基础设施费	11				
	公共配套设施费	12				
	开发间接费用	13				
3. 房地产开发费用　14＝15＋16		14				
其中	利息支出	15	2 810 000			
	其他房地产开发费用	16				
4. 与转让房地产有关的税金等　17＝18＋19＋20		17	5 700 000			
其中	营业税	18				
	城市维护建设税	19				
	教育费附加	20				
5. 财政部规定的其他扣除项目		21				
6. 代收费用		22				
三、增值额　23＝1－5		23	6 855 250 0			
四、增值额与扣除项目金额之比（%）　24＝23÷5		24	30%			
五、适用税率（%）		25				
六、速算扣除系数（%）		26	0			

项　目	行次	金　额			
		普通住宅	非普通住宅	其他类型房地产	合计
七、应缴土地增值税税额　27＝23×25－5×26	27	20 565 800			
八、减免税额　28＝30＋32＋34	28				
其中 减免税（1） 减免性质代码（1）	29				
减免税额（1）	30				
减免税（2） 减免性质代码（2）	31				
减免税额（2）	32				
减免税（3） 减免性质代码（3）	33				
减免税额（3）	34				
九、已缴土地增值税税额	35	12 900 000			
十、应补（退）土地增值税税额　36＝27－28－35	36	7 665 800			

以下由纳税人填写：

纳税人声明	此纳税申报表是根据《中华人民共和国土地增值税暂行条例》及其实施细则和国家有关税收规定填报的，是真实的、可靠的、完整的。	
纳税人签章	代理人签章	代理人身份证号

以下由税务机关填写：

受理人	受理日期　　年　月　日	受理税务机关签章

本表一式两份，一份纳税人留存，一份税务机关留存。

第 10 章
个人所得税预缴与清算

2018 年 8 月 31 日，关于修改《中华人民共和国个人所得税法》的决定经十三届全国人大常委会第五次会议表决通过。具体规定基本扣除项目、专项扣除项目以及汇算清缴办法。

10.1　税前扣除项目

个人所得税扣除项目分为两类：一类是基本扣除项目；另外一类是专项扣除项目。

10.1.1　基本扣除项目

基本扣除项目具体如下。

（1）按照规定，单位为个人缴付和个人缴付的基本养老保险费、基本医疗保险费、失业保险费、住房公积金，从纳税义务人的应纳税所得额中扣除。

未超过国家或省（自治区、直辖市）人民政府规定的缴费比例或办法的，免征个人所得税。

（2）企事业单位和个人超过规定的比例和标准缴付的基本养老保险费、基本医疗保险费和失业保险费，应将超过部分并入个人当期的工资、薪金收入，计征个人所得税。

（3）企业为员工交纳的社会保险没有超过国家或省（自治区、直辖市）人民政府规定的缴费比例或办法的，免征个人所得税；超过的部分应并入个人当期的工资、薪金收入，计征个人所得税。

因此，企业为员工交纳的社会保险费超过了按其本人上一年度月平均工资的300%计算的社会保险费部分，应并入个人当期的工资、薪金收入，计征个人所得税。

（4）企业为员工交纳的所有商业保险是不免个人所得税的。应在向保险公司缴付时并入员工当期的工资收入，按"工资、薪金所得"项目计征个人所得税。

但是，对于商业保险中的企业年金，根据《财政部　人力资源社会保障

部 国家税务总局关于企业年金职业年金个人所得税有关问题的通知》（财税
〔2013〕103号）规定，企业为员工缴纳的企业年金（包括企业为个人缴付的
和个人缴付的），可以迟延到退休领取时再缴纳个人所得税。

10.1.2　专项附加扣除项目

专项附加扣除项目见表10-1。

表 10-1　专项附加扣除项目

个人所得税专项附加扣除				
项目	扣除的条件		扣除标准	扣除方式
子女教育	子女接受全日制学历教育	义务教育（小学、初中）	每个子女1 000元/月	父母各扣50%指定一方扣100%
		高中（普通高中、中等职业、技工教育）		
		高等教育（大专、本科、硕士、博士）		
	子女接受学前教育	年满3岁至小学前		
继续教育	在中国境内接受学历（学位）继续教育		400元/月	本科以下的，本人/父母扣
	接受技能人员职业资格继续教育、专业技术人员职业资格继续教育，并取得相关证书		3 600元/年	本人扣
大病医疗	一个纳税年度内，与基本医保相关的医药费用支出，扣除医保报销后个人负担累计超过1 500元的部分		据实扣除，限额80 000元	本人/配偶扣；未成年子女费用，可由父母一方扣
住房贷款利息	购买中国境内住房，享受"首套住房贷款利率"的住房贷款利息		1 000元/月	本人扣，夫妻可选择一方扣
住房租金	在主要工作城市没有自有住房	直辖市、省会（首府）城市、计划单列市以后国务院确定的其他一城市	1 500元/月	承租人扣。夫妻双方同城的，只能一方扣
		市辖区户籍人口超过100万的	1 100元/月	
		市辖区户籍人口不超过100万的	800元/月	

个人所得税专项附加扣除			
项目	扣除的条件	扣除标准	扣除方式
赡养老人	赡养一位及以上被赡养人（年满60岁的父母，子女均已过世的年满60岁的祖父母、外祖父母） 独生子女	2 000元/月	本人扣
	非独生子女	不超过1 000元/月	均摊/约定分摊/指定分摊

10.1.3 税率以及计算方法

工资、薪金所得七级超额累计税率，见表10-2。

表 10-2 工资、薪金所得个人所得税税率表

级 数	月应纳税所得额	税率（%）	速算扣除数（元）
1	不超过3 000元部分	3	0
2	超过3 000～12 000元	10	210
3	超过12 000～25 000元	20	1 410
4	超过25 000～35 000元	25	2 660
5	超过35 000～55 000元	30	4 410
6	超过55 000～80 000元	35	7 160
7	超过80 000元部分	45	15 160

1. 一般计算方法

《中华人民共和国个人所得税法》规定：居民个人的综合所得，以每一纳税年度的收入额减除费用60 000元以及基本扣除项目、专项附加扣除和依法确定的其他扣除后的余额，为应纳税所得额。计算公式如下：

应纳税所得额＝月收入－5000元（起征点）－基本扣除项目－专项附加扣除项目－依法确定的其他扣除

【例 10-1】职工张研在深圳一家软件公司工作，本月税前收入 14 000 元，社保与住房公积金为 3 400 元；住房贷款 7 800 元，按规定可税前扣除 1 000 元；张研为非独生子女，父母均已退休，赡养老人可扣除 1 000 元。计算本月张研本月应交个人所得税。

$$应纳税所得额＝（14\ 000-3\ 400-1\ 000-1\ 000-5\ 000）\times 10\%-210$$
$$＝150（元）$$

2. 预缴个人所得税计算公式

根据《国家税务总局关于完善调整部分纳税人个人所得税预扣预缴方法的公告》（国家税务总局公告 2020 年第 13 号）规定，减轻当年新入职人员个人所得税预扣预缴阶段的税收负担，现就完善调整年度中间首次取得工资、薪金所得等人员有关个人所得税预扣预缴方法

本期应预扣预缴税额＝（累计收入额－累计减除费用）×预扣率－速算扣除数－累计减免税额－累计已预扣预缴税额

其中，累计减除费用按照 5 000 元/月乘以纳税人在本单位开始实习月份起至本月的实习月份数计算。

上述公式中的预扣率、速算扣除数，按照 2018 年第 61 号公告所附的《个人所得税预扣率表一》执行。

例如，大学生欧佳明 2020 年 7 月毕业后进入某公司工作，公司发放 7 月份工资、计算当期应预扣预缴的个人所得税时，可减除费用 5 000 元。欧佳明 7 月取得工资 4 400 元，扣缴单位在为其预扣预缴劳务报酬所得个人所得税时，可采取累计预扣法预扣预缴税款。欧佳明 7 月份工资 4 400 元扣除 5 000 元减除费用后是负数，则无须预缴税款。

相关政策

为进一步支持稳就业、保就业、促消费，助力构建新发展格局，2020 年 12 月 4 日，国家税务总局就进一步简便优化部分纳税人个人所得税预扣预缴方法发布公告：

在纳税人累计收入不超过 6 万元的月份，暂不预扣预缴个人所得税；在其累计收入超过 6 万元的当月及年内后续月份，再预扣预缴个人所得税。自 2021 年 1 月 1 日起施行。

《个人所得税法》颁布后，取得收入的居民个人应于第二年 3 月至 6 月办理汇算清缴。

依据税法规定，年度终了后，居民个人（以下称"纳税人"）需要汇总上一年取得的工资薪金、劳务报酬、稿酬、特许权使用费等四项所得（以下称"综合所得"）的收入额，减除费用 60 000 元以及专项扣除、专项附加扣除，依法确定的其他扣除和符合条件的公益慈善事业捐赠后，计算本年度最终应纳税额，再减去上一年度已预缴税额，得出本年度应退或应补税额，向税务机关申报并办理退税或补税。具体计算公式如下：

上一年度汇算应退或应补税额＝［（综合所得收入额－60 000 元－"社保与个人所得税"等专项扣除－子女教育等专项附加扣除－依法确定的其他扣除－捐赠）×适用税率－速算扣除数］－上一年已预缴税额

10.2.1 需要办理年度汇算的情形

（1）预缴税额高于应纳税额，需要申请退税的纳税人。

（2）符合享受条件的专项附加扣除，但预缴税款时没有申报扣除的。

例如，顾飞每月工资 10 000 元，个人缴付"三险一金" 2 000 元。他有两个上小学的孩子，按规定可以每月享受 2 000 元（全年 24 000 元）的子女教育专项附加扣除。但因其在预缴环节未填报，使得计算个税时未减除子女教育专项附加扣除。全年预缴个税 1 080 元，顾飞可在年度汇算时填报了相关信息后可补充扣除 24 000 元，扣除后全年应纳个税 360 元，按规定其可以申请退税 720 元。

（3）因年中就业、退休或者部分月份没有收入等原因，减除费用 60 000 元，"社保及住房公积金"等专项扣除、子女教育等专项附加扣除、企业（职业）年金以及商业健康保险、税收递延型养老保险等扣除不充分的。

例如，罗缨 2019 年 8 月底退休，退休前每月工资 10 000 元，个人缴付"三险一金" 2 000 元，退休后领取基本养老金。假设没有专项附加扣除，1～8 月预缴个税 720 元；后 4 个月基本养老金按规定免征个人所得税。从全年看，该纳税人仅扣除了 40 000 元减除费用（8×5 000），未充分扣除 60 000 元减除费用。年度汇算足额扣除后，该纳税人可申请退税 600 元。

（4）没有任职受雇单位，仅取得劳务报酬、稿酬、特许权使用费所得，需要通过年度汇算办理各种税前扣除的；

（5）纳税人取得劳务报酬、稿酬、特许权使用费所得，年度中间适用的预扣率高于全年综合所得年适用税率的；

例如，张琳是自由职业者，专职从事写作。全年取得稿酬收入 60 000 元，假定出版社代扣代缴稿酬个人所得税 8 400 元。第二年汇算清缴时，减除 6 万元费用（不考虑其他扣除）后，无须缴纳税费。因此，可申请退税 8 400元。

（6）预缴税款时，未申报享受或者未足额享受综合所得税收优惠的，如残疾人减征个人所得税优惠等；

（7）有符合条件的公益慈善事业捐赠支出，但预缴税款时未办理扣除的。

10.2.2　无须办理年度汇算的纳税人

经国务院批准，依据《财政部 税务总局关于个人所得税综合所得汇算清缴涉及有关政策问题的公告》（2019 年第 94 号）有关规定，纳税人在 2019 年度已依法预缴个人所得税且符合下列情形之一的，无须办理年度汇算：

（1）纳税人年度汇算需补税但年度综合所得收入不超过 12 万元的；

（2）纳税人年度汇算需补税金额不超过 400 元的；

（3）纳税人已预缴税额与年度应纳税额一致或者不申请年度汇算退税的。

10.2.3　申报方式

纳税人可优先通过网上税务局（包括手机个人所得税 App）办理年度汇算，税务机关将按规定为纳税人提供申报表预填服务；不方便通过上述方式办理的，也可以通过邮寄方式或到办税服务厅办理。

（1）手机申报。

在手机应用宝中下载个人所得税 App，下载完成后打开 App，单击个人中心，先注册后登录。进入首页，直接点击常用业务下面的"综合所得年度汇算"。系统自动识别"简易申报"或者"标准申报"。

①简易申报：查看并点击简易申报须知，核实相关数据。

②标准申报：点击"使用已申报数据填写"，查看并点击标准申报须知，

点击"下一步",逐项核实"工资薪金、劳务报酬、稿酬和特许权使用费"四项所得相关数据。

一般来说,需要补税与退税的情形不多。如果有以上情形,系统有两个选项,申请退税或补税,纳税人按照提示办理即可。

(2)其他申报方式。

纳税人也可以委托代扣代缴单位办理退税。

第 11 章
其他税费核算

　　其他税费包括城市维护建设税、教育费附加、车辆购置税、印花税、契税等。

11.1　城市维护建设税

《中华人民共和国城市维护建设税法》已由中华人民共和国第十三届全国人民代表大会常务委员会第二十一次会议于 2020 年 8 月 11 日通过，自 2021 年 9 月 1 日起施行。

1. 纳税人

在中华人民共和国境内缴纳增值税、消费税的单位和个人，为城市维护建设税的纳税人。

2. 计税依据

城市维护建设税以纳税人依法实际缴纳的增值税、消费税税额为计税依据。城市维护建设税的计税依据应当按照规定扣除期末留抵退税退还的增值税税额。

3. 税率

城市维护建设税税率如下：

（1）纳税人所在地在市区的，税率为 7％；

（2）纳税人所在地在县城、镇的，税率为 5％；

（3）纳税人所在地不在市区、县城或者镇的，税率为 1％。

11.2　车辆购置税

2018 年 12 月 29 日，第十三届全国人民代表大会常务委员会第七次会议通过《中华人民共和国车辆购置税法》。

1. 纳税人

在中华人民共和国境内购置汽车、有轨电车、汽车挂车、排气量超过150毫升的摩托车（以下统称应税车辆）的单位和个人，为车辆购置税的纳税人。

2. 税率

车辆购置税实行一次性征收。购置已征车辆购置税的车辆，不再征收车辆购置税。车辆购置税的税率为10%。

3. 应纳税额的计算

车辆购置税的应纳税额按照应税车辆的计税价格乘以税率计算。

4. 计税价格

应税车辆的计税价格，按照下列规定确定：

（1）纳税人购买自用应税车辆的计税价格，为纳税人实际支付给销售者的全部价款，不包括增值税税款；

（2）纳税人进口自用应税车辆的计税价格，为关税完税价格加上关税和消费税；

（3）纳税人自产自用应税车辆的计税价格，按照纳税人生产的同类应税车辆的销售价格确定，不包括增值税税款；

（4）纳税人以受赠、获奖或者其他方式取得自用应税车辆的计税价格，按照购置应税车辆时相关凭证载明的价格确定，不包括增值税税款。

5. 税收优惠

下列车辆免征车辆购置税：

（1）依照法律规定应当予以免税的外国驻华使馆、领事馆和国际组织驻华机构及其有关人员自用的车辆；

（2）中国人民解放军和中国人民武装警察部队列入装备订货计划的车辆；

（3）悬挂应急救援专用号牌的国家综合性消防救援车辆；

（4）设有固定装置的非运输专用作业车辆；

（5）城市公交企业购置的公共汽电车辆。

（6）根据《财政部 税务总局 工业和信息化部关于新能源汽车免征车辆购置税有关政策公告》（2020年第21号），自2021年1月1日至2022年12月31日，对购置的新能源汽车免征车辆购置税。

2018 年 11 月 1 日，财政部、国家税务总局起草《中华人民共和国印花税法（征求意见稿）》，明确印花税纳税人、计税依据、税率等。

1. 计税依据

印花税的计税依据，按照下列方法确定，见表 11-1。

表 11-1　印花税计税依据

计税依据	含　义
应税合同的计税依据	为合同列明的价款或者报酬，不包括增值税税款；合同中价款或者报酬与增值税税款未分开列明的，按照合计金额确定
应税产权转移书据的计税依据	为产权转移书据列明的价款，不包括增值税税款；产权转移书据中价款与增值税税款未分开列明的，按照合计金额确定
应税营业账簿的计税依据	为营业账簿记载的实收资本（股本）、资本公积合计金额
应税权利、许可证照的计税依据	按件确定
证券交易的计税依据	为成交金额

2. 税率

新税率见表 11-2。

表 11-2　印花税税目税率表

税　目		税率	备注
合同	买卖合同	支付价款的万分之三	指动产买卖合同
	借款合同	借款金额的万分之零点五	指银行业金融机构和借款人（不包括银行同业拆借）订立的借款合同
	融资租赁合同	租金的万分之零点五	
	租赁合同	租金的千分之一	
	承揽合同	支付报酬的万分之三	
	建设工程合同	支付价款的万分之三	
	运输合同	运输费用的万分之三	指货运合同和多式联运合同（不包括管道运输合同）
	技术合同	支付价款、报酬或者使用费的万分之三	
	保管合同	保管费的千分之一	
	仓储合同	仓储费的千分之一	
	财产保险合同	保险费的千分之一	不包括再保险合同

税　　目		税率	备注
产权转移书据	土地使用权出让和转让书据；房屋等建筑物、构筑物所有权、股权（不包括上市和挂牌公司股票）、商标专用权、著作权、专利权、专有技术使用权转让书据		支付价款的万分之五
权利、许可证照	不动产权证书、营业执照、商标注册证、专利证书	每件 5 元	
营业账簿		实收资本（股本）、资本公积合计金额的万分之二点五	
证券交易		成交金额的千分之一	对证券交易的出让方征收，不对证券交易的受让方征收

免征或者减征印花税的情形如下：

（1）应税凭证的副本或者抄本，免征印花税；

（2）农民、农民专业合作社、农村集体经济组织、村民委员会购买农业生产资料或者销售自产农产品订立的买卖合同和农业保险合同，免征印花税；

（3）无息或者贴息借款合同、国际金融组织向我国提供优惠贷款订立的借款合同、金融机构与小型微型企业订立的借款合同，免征印花税；

（4）财产所有权人将财产赠予政府、学校、社会福利机构订立的产权转移书据，免征印花税；

（5）军队、武警部队订立、领受的应税凭证，免征印花税；

（6）转让、租赁住房订立的应税凭证，免征个人（不包括个体工商户）应当缴纳的印花税；

（7）国务院规定免征或者减征印花税的其他情形。

第七项免征或者减征印花税的规定，由国务院报全国人民代表大会常务委员会备案。

11.4　契税

2020 年 8 月 11 日，第十三届全国人民代表大会常务委员会第二十一次会议通过《中华人民共和国契税法》，自 2021 年 9 月 1 日起施行。

1. 纳税人

在中华人民共和国境内转移土地、房屋权属，承受的单位和个人为契税的纳税人。

2. 税率

契税实行幅度比例税率，税率幅度为 3‰～5‰。具体执行税率，由各省、自治区、直辖市人民政府在规定的幅度内，根据本地区的实际情况确定。

3. 计税依据

（1）土地使用权出让、出售，房屋买卖，为土地、房屋权属转移合同确定的成交价格，包括应交付的货币以及实物、其他经济利益对应的价款；

（2）土地使用权互换、房屋互换，为所互换的土地使用权、房屋价格的差额；

（3）土地使用权赠予、房屋赠予以及其他没有价格的转移土地、房屋权属行为，为税务机关参照土地使用权出售、房屋买卖的市场价格依法核定的价格。

纳税人申报的成交价格、互换价格差额明显偏低且无正当理由的，由税务机关依照《中华人民共和国税收征收管理法》的规定核定。

4. 应纳税额的计算

应纳税额计算公式如下：

应纳税额＝计税依据×税率

5. 优惠政策

有下列情形之一的，免征契税：

（1）国家机关、事业单位、社会团体、军事单位承受土地、房屋权属用于办公、教学、医疗、科研、军事设施；

（2）非营利性的学校、医疗机构、社会福利机构承受土地、房屋权属用于办公、教学、医疗、科研、养老、救助；

（3）承受荒山、荒地、荒滩土地使用权用于农、林、牧、渔业生产；

（4）婚姻关系存续期间夫妻之间变更土地、房屋权属；

（5）法定继承人通过继承承受土地、房屋权属；

（6）依照法律规定应当予以免税的外国驻华使馆、领事馆和国际组织驻华代表机构承受土地、房屋权属。

根据国民经济和社会发展的需要，国务院对居民住房需求保障、企业改制重组、灾后重建等情形可以规定免征或者减征契税，报全国人民代表大会常务委员会备案。

11.5 耕地占用税

《中华人民共和国耕地占用税法》规定，在我国境内占用耕地建设建筑物、构筑物或者从事非农业建设的单位和个人，为耕地占用税的纳税人，应当依照本法规定缴纳耕地占用税。

耕地，是指用于种植农作物的土地，包括菜地、园地。其中，园地包括花圃、苗圃、茶园、果园、桑园和其他种植经济林木的土地。

2018年12月29日，第十三届全国人民代表大会常务委员会第七次会议通过《中华人民共和国耕地占用税法》。

耕地占用税的税额如下：

（1）人均耕地不超过一亩的地区（以县、自治县、不设区的市、市辖区为单位，下同），每平方米为10元至50元；

（2）人均耕地超过一亩但不超过二亩的地区，每平方米为8元至40元；

（3）人均耕地超过二亩但不超过三亩的地区，每平方米为6元至30元；

（4）人均耕地超过三亩的地区，每平方米为5元至25元。

各省、自治区、直辖市耕地占用税平均税额，见表11-3。

表11-3 各省、自治区、直辖市耕地占用税平均税额

省、自治区、直辖市	平均税额（元/m²）
上海	45
北京	40
天津	35
江苏、浙江、福建、广东	30
辽宁、湖北、湖南	25
河北、安徽、江西、山东、河南、重庆、四川	22.5
广西、海南、贵州、云南、陕西	20
山西、吉林、黑龙江	17.5
内蒙古、西藏、甘肃、青海、宁夏、新疆	12.5

耕地占用税以纳税人实际占用的属于耕地占用税征税范围的土地面积为

计税依据,按应税土地当地适用税额计税,实行一次性征收。

耕地占用税计算公式为:

应纳税额＝应税土地面积×适用税额。

应税土地面积包括经批准占用面积和未经批准占用面积,以平方米为单位。

占用基本农田的,加按150％征收耕地占用税的计算公式为:

应纳税额＝应税土地面积×适用税额×150％

1. 优惠政策

按照《耕地占用税法》及实施办法的规定,免征、减征耕地占用税的部分项目按以下口径执行:

(1) 免税的军事设施;

(2) 免税的社会福利机构;

(3) 免税的医疗机构;

(4) 减税的公路线路。

2. 纳税时间

(1) 根据《耕地占用税法》第八条的规定,纳税人改变原占地用途,需要补缴耕地占用税的,其纳税义务发生时间为改变用途当日,具体为:经批准改变用途的,纳税义务发生时间为纳税人收到批准文件的当日;未经批准改变用途的,纳税义务发生时间为自然资源主管部门认定纳税人改变原占地用途的当日。

(2) 未经批准占用应税土地的纳税人,其纳税义务发生时间为自然资源主管部门认定其实际占地的当日。

11.6　城镇土地使用税

国家税务总局关于《印发〈城镇土地使用税管理指引〉的通知》(税总发〔2016〕18号)规定,城镇土地使用税是国家在"城市、县城、建制镇和工矿区"范围内,对使用土地的单位和个人,以其实际占用的土地面积为计税依据,按照规定的税额计算征收的一种税。

城镇土地使用税管理遵循以下原则。

(1) 法治原则。按照法定权限与程序,严格执行税法以及相关法律法规,维护税法权威性和严肃性,保护纳税人合法权益。

（2）效率原则。在遵循法律法规的前提下，最大限度地简化办税流程，减轻纳税人和基层税务人员的负担。

（3）规范原则。通过规范管理、规范操作，促进城镇土地使用税管理的统一性，以及城镇土地使用税管理与其他税种管理的协同性。

11.6.1　建设期间城镇土地使用税的缴纳

房地产开发企业在建设施工阶段保有土地必须按规定缴纳城镇土地使用税。

在建未售及在建预售阶段城镇土地使用税的计算一致，计算公式为：

应纳城镇土地使用税＝开发初期应税土地总面积×城镇土地使用税单位税额标准

房地产开发企业建造项目期间土地使用税开征的计税依据主要是计税面积。计税面积的确定应依据以下两个规定：

《城镇土地使用税暂行条例（2019 修订本）》规定，土地使用税以纳税人实际占用的土地面积为计税依据，依照规定税额计算征收。

土地占用面积的组织测量工作，由省、自治区、直辖市人民政府根据实际情况确定。

土地使用税每平方米年税额如下：

（1）大城市 1.5 元至 30 元；

（2）中等城市 1.2 元至 24 元；

（3）小城市 0.9 元至 18 元；

（4）县城、建制镇、工矿区 0.6 元至 12 元。

新征收的土地，依照下列规定缴纳土地使用税：

（1）征收的耕地，自批准征收之日起满 1 年时开始缴纳土地使用税；

（2）征收的非耕地，自批准征收次月起缴纳土地使用税。

11.6.2　纳税申报管理

纳税申报管理的总体要求是：

（1）明细管理。要求纳税人逐一申报全部土地的税源明细信息；地理位置、土地证号、宗地号、土地等级、土地用途等不相同的土地，分别进行土地税源明细申报；税源明细信息发生变化的，进行变更申报。

（2）动态管理。根据纳税人申报，在税收征管信息系统中连续、完整地记录土地税源明细信息的变更情况，即记录每一土地税源发生的每一次涉税信息变更，以及由此引起的应纳税额的变化，实现税源信息变化的全过程记录、可追溯和动态管理。

（3）自动关联。建立纳税申报表、减免税表、税源明细表的自动关联关系，当纳税人税源明细申报的信息发生变更时，纳税申报表、减免税表的相关信息一并变更。

（4）房地关联。土地税源信息要与该土地上的房产明细申报信息相关联，房产、土地税源要依照"地－楼－房"一体化方式管理。

纳税人首次申报之后，土地及相关信息未发生变化的，再续申报时仅要求纳税人对税收征管信息系统自动生成的纳税申报表和减免税表进行确认，并电子签名或手写签字。

纳税人的土地及相关信息发生变化的，应要求纳税人进行税源明细信息变更申报。变更申报的情形包括：

（1）土地使用权属发生转移或变更的，如出售、分割、赠予、继承等；

（2）减免税信息发生变化的；

（3）土地纳税等级或税额标准发生变化的；

（4）土地面积、用途、坐落地址等基础信息发生变化的；

（5）其他导致税源信息变化的情形。

第12章
财务报表的编制

　　财务报表是对企业财务状况、经营成果和现金流量的结构性表述。根据《企业会计准则》规定，一套完整的财务报表至少应当包括"四表一注"：①资产负债表；②利润表；③现金流量表；④所有者权益（或股东权益）变动表；⑤附注。

12.1 报表编制方法与案例

对经营者来说，企业运营的最终目标就是盈利，编制会计报表可以直接反映企业一段时间的经营成果，根据盈亏，及时调整经营策略；对税务部门来说，可通过财务报表知悉企业的盈利状况，并根据相关数据完成税收；对债务人来说，通过财务报表核实企业偿债能力；对股东来说，看企业的成长能力和发展前景等。为了满足国家对企业实行间接调控的信息需要，会计报表可为财政、税务、审计、企业上级主管机关等部门提供干预或管制所依据的信息，有利于政府管理部门对企业进行管理，借以引导企业的发展。

12.1.1 资产负债表的编制方法

资产负债表是企业在某一特定时日（通常为各会计期末）财务状况（即资产、负债和所有者权益的状况）的主要会计报表。一般以一个月最后一天的日期为节点。

资产负债表的各项目均需填列"年初余额"和"期末余额"两栏。

资产负债表"年初余额"栏内各项数字，应根据上年年末资产负债表的"期末余额"栏内所列数字填列。如果上年度资产负债表规定的各个项目的名称和内容与本年度不一致，应对上年年末资产负债表各项目的名称和数字按照本年度的规定进行调整，填入本表"年初余额"栏内。

资产负债表的"期末余额"栏内各项数字，其填列方法如下。

1. 资产项目的填列说明

资产项目的填列说明，见表 12-1。

表 12-1　资产项目的填列说明

项　目	填列说明
货币资金	本项目应根据"库存现金""银行存款""其他货币资金"科目期末余额的合计数填列
交易性金融资产	本项目应当根据"交易性金融资产"科目的相关明细科目的期末余额分析填列
应收票据	本项目应根据"应收票据"科目的期末余额，减去"坏账准备"科目中有关坏账准备期末余额后的金额分析填列
应收账款	本项目应根据"应收账款"期末余额，减去"坏账准备"科目中有关坏账准备期末余额后的金额分析填列
预付款项	本项目应根据"预付账款"和"应付账款"科目所属各明细科目的期末借方余额合计数，减去"坏账准备"科目中有关预付款项计提的坏账准备期末余额后的净额填列。如"预付账款"科目所属各明细科目期末有贷方余额的，应在资产负债表"应付账款"项目内填列
合同资产	本项目根据"合同资产"科目的相关明细科目的期末余额分析填列，同一合同下的合同资产和合同负债应当以净额列示，其中净额为借方余额的，应当根据其流动性在"合同资产"或"其他非流动资产"项目中填列，已计提减值准备的，还应减去"合同资产减值准备"科目中相关的期末余额后的金额填列
其他应收款	本项目应根据"应收利息""应收股利""其他应收款"科目的期末余额，减去"坏账准备"科目中相关坏账准备期末余额后的金额填列
其他流动资产	是指除货币资金、短期投资、应收票据、应收账款、其他应收款、存货等流动资产以外的流动资产。 合同取得成本，初始确认时摊销期限不超过一年或一个正常营业周期的，在资产负债表中计入"其他流动资产"项目
存货	本项目应根据"材料采购""原材料""低值易耗品""库存商品""周转材料""委托加工物资""委托代销商品""生产成本"等科目的期末余额合计，减去"代销商品款""存货跌价准备"科目期末余额后的净额填列。材料采用计划成本核算，以及库存商品采用计划成本核算或售价核算的企业，还应按加或减材料成本差异、商品进销差价后的金额填列。 合同履约成本，初始确认时摊销期限不超过一年或一个正常营业周期的，在资产负债表中计入"存货"项目；
一年内到期的非流动资产	本项目应根据有关科目的期末余额分析填列

项　目	填列说明
长期股权投资	本项目应根据"长期股权投资"科目的期末余额，减去"长期股权投资减值准备"科目的期末余额后的净额填列
固定资产	本项目应根据"固定资产"科目的期末余额，减去"累计折旧"和"固定资产减值准备"科目期末余额后的金额，以及"固定资产清理"科目余额填列
在建工程	本项目应根据"在建工程"科目的期末余额，减去"在建工程减值准备"科目期末余额后的金额，以及填列"工程物资"科目的期末余额，减去"工程物资减值准备"科目的期末余额后的金额填列
无形资产	本项目应根据"无形资产"的期末余额，减去"累计摊销"和"无形资产减值准备"科目期末余额后的金额填列
长期待摊费用	本项目应根据"长期待摊费用"科目的期末余额减去将于一年内（含一年）摊销的数额后的金额分析填列
其他非流动资产	本项目应根据有关科目的期末余额填列 合同履约成本初始确认时摊销期限在一年或一个正常营业周期以上的，在资产负债表中计入"其他非流动资产"项目。 合同取得成本初始确认时摊销期限在一年或一个正常营业周期以上的，在资产负债表中计入"其他非流动资产"项目

2. 负债项目的填列说明

负债项目的填列说明，见表 12-2。

表 12-2　负债项目填列说明

项　目	填列说明
短期借款	本项目应根据"短期借款"科目的期末余额填列
应付票据	本项目应根据"应付票据"科目的期末余额填列
应付账款	本项目应根据"应付账款"和"预付账款"科目所属的相关明细科目的期末贷方余额合计数填列
预收款项	本项目应根据"预收账款"和"应收账款"科目所属各明细科目的期末贷方余额合计数填列
合同负债	本项目根据"合同负债"科目的相关明细科目的期末余额分析填列，同一合同下的合同资产和合同负债应当以净额列示，其中 净额为贷方余额的，应当根据其流动性在"合同负债"或"其他非流动负债"项目中填列

项　目	填列说明
其他应付款	本项目应根据"应付利息""应付股利"和"其他应付款"科目的期末余额合计数填列
应付职工薪酬	反映企业根据有关规定应付给职工的工资、职工福利、社会保险费、住房公积金、工会经费、职工教育经费、非货币性福利、辞退福利等各种薪酬。外商投资企业按规定从净利润中提取的职工奖励及福利基金，也在本项目列示
其他应付款	本项目应根据"应付利息""应付股利"和"其他应付款"科目的期末余额合计数填列
应交税费	本项目应根据"应交税费"科目的期末贷方余额填列，如"应交税费"科目期末为借方余额，应以"—"号填列
一年内到期的非流动负债	本项目应根据有关科目的期末余额分析填列
长期借款	本项目应根据"长期借款"科目的期末余额填列
应付债券	本项目应根据"应付债券"科目的期末余额填列
其他非流动负债	本项目应根据有关科目的期末余额填列。其他非流动负债项目应根据有关科目期末余额减去将于1年内（含1年）到期偿还数后的余额分析填列。非流动负债各项目中将于1年内（含1年）到期的非流动负债，应在"一年内到期的非流动负债"项目内反映
长期应付款	本项目应根据"长期应付款"科目的期末余额，减去相关的未确认融资费用：科目的期末余额后的金额，以及"专项应付款"科目的期末余额填列
递延收益	摊销期限只剩一年或不足一年的，或预计在一年内（含一年）进行摊销的部分，不得归类为流动负债，仍在该项目中填列，不转入"一年内到期的非流动负债"项目

3. 所有者权益项目的填列说明

（1）"实收资本（或股本）"项目，反映企业各投资者实际投入的资本（或股本）总额。本项目应根据"实收资本"（或"股本"）科目的期末余额填列。

（2）"资本公积"项目，反映企业资本公积的期末余额。本项目应根据"资本公积"科目的期末余额填列。

（3）"盈余公积"项目，反映企业盈余公积的期末余额。本项目应根据"盈余公积"科目的期末余额填列。

（4）"未分配利润"项目，反映企业尚未分配的利润。本项目应根据"本年利润"科目和"利润分配"科目的余额计算填列。未弥补的亏损在本项目内以"一"号填列。

【例 12-1】2×21 年 3 月 31 日，绿地房地产开发有限公司总账及明细余额，见表 12-3。

表 12-3　总账及明细账期末余额表　　　　单位：元

资产账户	总账及明细账期末余额		负债及权益账户	总账及明细账期末余额	
	借方余额	贷方余额		借方余额	贷方余额
库存现金	6 000		短期借款		20 000 000
银行存款	42 890 000		应付票据		500 000
其他货币资金	3 000 000		应付账款		52 135 000
银行汇票	1 800 000		预收账款		240 000
信用证	1 200 000		合同负债		97 400 000
应收票据	230 000		应付职工薪酬		11 230 000
应收账款	8 619 000		应交税费		8 920 000
合同资产	34 500 000		其他应付款		40 950 000
预付账款	450 000		应付利息		40 000 000
其他应收款	976 000		其他		950 000
坏账准备　应收账款		191 000	长期借款		90 000 000
其他应收款		191 000	实收资本		80 000 000
开发产品	151 450 000		盈余公积		6 890 000
原材料	1 890 000		利润分配		14 508 100
周转材料	350 000		资本公积		11 531 900
存货跌价准备		430 000			
固定资产	14 500 000				
累计折旧		2 110 000			
在建工程	11 290 000				
无形资产	880 000				
累计摊销		152 000			

资产账户	总账及明细账期末余额		负债及权益账户	总账及明细账期末余额	
	借方余额	贷方余额		借方余额	贷方余额
长期股权投资	85 628 500				
在建工程	11 290 000				
投资性房地产	40 554 250				
递延所得税资产	20 277 125				
商誉	20 000 000				
其他非流动资产	277 125				

"其他应收款"项目期末金额＝976 000－191 000＝785 000（元）

根据上述资料，编制资产负债表。见表12-4。

表 12-4　资产负债表

编制单位：绿地房地产开发有限公司　　　　2×21 年 3 月 31 日　　　　　　　　单位：元

资产	期末余额	年初余额	负债和所有者权益（或股东权益）	期末余额	年初余额
流动资产：			流动负债：		
货币资金	45 896 000	36 004 000	短期借款	20 000 000	10 000 000
应收票据	230 000	240 000	应付票据	500 000	600 000
应收账款	8 428 000	5 442 000	应付账款	52 135 000	25 300 000
预付账款	450 000	456 000	预收款项	240 000	120 000
其他应收款	785 000	6 548 000	合同负债	97 400 000	44 500 000
存货	153 260 000	14 280 000	应交税费	8 920 000	912 500
合同资产	34 500 000	22 350 000	应付职工薪酬	11 230 000	993 400
持有待售资产			其他应付款	40 950 000	20 760 000
一年内到期的非流动资产			一年内到期的非流动负债		
其他流动资产			其他流动负债		
流动资产合计	243 549 000	85 320 000	流动负债合计	231 375 000	103 185 900
非流动资产：			非流动负债：		
债权投资			长期借款	90 000 000	20 000 000
其他债权投资			应付债券		
			其中：优先股		

资产	期末余额	年初余额	负债和所有者权益（或股东权益）	期末余额	年初余额
长期应收款			永续债		
长期股权投资	85 628 500	74 210 000	长期应付款		
投资性房地产	40 554 250	2 789 000	预计负债		
固定资产	12 390 000	6 690 000	递延收益		
在建工程	11 290 000	22 340 000	递延所得税负债	389 000	448 900
生产性生物资产			其他非流动负债		
油气资产			非流动负债合计	90 389 000	20 448 900
无形资产	728 000	632 000	负债合计	321 764 000	123 634 800
开发支出			所有者权益（或股东权益）：		
商誉	20 000 000	20 000 000	实收资本（或股本）	80 000 000	80 000 000
长期待摊费用			其他权益工具		
递延所得税资产	20 277 125	11 658 900	其中：优先股		
其他非流动资产	277 125	243 000	永续债		
非流动资产合计	191 145 000	138 562 900	资本公积	11 531 900	
			减：库存股		
			其他综合收益		
			盈余公积	6 890 000	4 500 000
			未分配利润	14 508 100	14 508 100
			所有者权益（或股东权益）合计	112 930 000	
资产总计	434 694 000	223 882 900	负债和所有者权益（或股东权益）总计	434 694 000	223 882 900

12.1.2 利润表编制方法

通过利润表，可以反映企业在一定会计期间收入、费用、利润（或亏损）、其他综合收益的数额、构成情况，帮助财务报表使用者全面了解企业的经营成果，分析企业的获利能力及盈利增长趋势，从而为其作出经济决策提供依据。

1. 利润表的结构

我国企业的利润表采用多步式格式，多步式利润表通常分为如下几步：

第一步，以营业收入为基础，减去营业成本、税金及附加、销售费用、管理费用、财务费用、资产减值损失，加上公允价值变动收益（减去公允价值变动损失）和投资收益（减去投资损失），计算出营业利润。

第二步，以营业利润为基础，加上营业外收入，减去营业外支出，计算出利润总额。

第三步，以利润总额为基础，减去所得税费用，计算出净利润（或净亏损）。

2. 利润表项目列示

利润表各项目均需填列"本期金额"和"上期金额"两栏。利润表"本期金额""上期金额"栏内各项数字，应当按照相关科目的发生额分析填列。

利润表项目的填列说明，见表 12-5。

表 12-5　利润表项目填列说明

项　目	填列方法
营业收入	本项目应根据"主营业务收入"和"其他业务收入"科目的发生额分析填列
营业成本	本项目应根据"主营业务成本"和"其他业务成本"科目的发生额分析填列
税金及附加	本项目应根据　"税金及附加"科目的发生额分析填列
销售费用	本项目应根据"销售费用"科目的发生额分析填列
管理费用	本项目应根据"管理费用"科目的发生额分析填列
研发费用	本项目根据"管理费用"科目下的"研究费用"明细科目的发生额，以及"管理费用"科目下的"无形资产摊销"明细科目的发生额分析填列

项　目	填列方法
财务费用	本项目应根据"财务费用"科目的发生额分析填列
其他收益	本项目应根据"其他收益"科目的发生额分析填列
资产减值损失	本项目应根据"资产减值损失"科目发生额分析填列
信用减值损失	本项目应根据"信用减值损失"科目发生额分析填列
资产处置损益	本项目应根据"资产处置损益"科目发生额分析填列，如为处置损失，则以"－"号填列
公允价值变动收益	本项目应根据"公允价值变动损益"科目的发生额分析填列，如为净损失，本项目以"－"号填列
投资收益	本项目应根据"投资收益"科目的发生额分析填列。如为投资损失，本项目用"－"号填列
营业利润	反映企业实现的营业利润。如为亏损，本项目以"－"号填列
营业外收入	本项目应根据"营业外收入"科目的发生额分析填列
营业外支出	本项目应根据"营业外支出"科目的发生额分析填列
利润总额	反映企业实现的利润。如为亏损，本项目以"－"号填列
所得税费用	本项目应根据"所得税费用"科目的发生额分析填列
净利润	反映企业实现的净利润。如为亏损，本项目以"－"号填列
每股收益	包括基本每股收益和稀释每股收益两项指标，反映普通股或潜在普通股已公开交易的企业，以及正在公开发行普通股或潜在普通股过程中的企业的每股收益信息
其他综合收益	反映企业根据企业会计准则规定未在损益中确认的各项利得和损失扣除所得税影响后的净额
综合收益总额	反映企业净利润与其他综合收益的合计金额

3. 利润表编制案例

【例 12-2】2×21 年 1 月 31 日，绿地房地产开发有限公司损益类账户发生额，见表 12-6。

表 12-6　账户发生额

账户名称	借方发生额（元）	贷方发生额（元）
主营业务收入		320 467 380
主营业务成本	109 700 000	
其他业务收入		9 140 000
其他业务成本	2 765 000	
税金及附加	2 639 000	
销售费用	88 340 000	
管理费用	29 140 000	
研发费用	3 270 000	
财务费用	40 164 050	
其中：利息费用	40 000 000	
其他费用	164 050	
投资收益		1 467 000
营业外收入		96 400
营业外支出	8 732 000	
资产减值损失	1 454 000	
所得税费用	18 793 630	

营业收入＝320 467 380＋9 140 000＝329 607 380（元）

营业成本＝109 700 000＋2 765 000＝112 465 000（元）

根据上述资料，编制利润表，见表 12-7。

表 12-7　利润表

编制单位：绿地房地产开发有限公司　　　2×21 年 1 月 31 日　　　　　单位：元

项　目	本期金额	上期金额（略）
一、营业收入	329 607 380	
减：营业成本	112 465 000	
税金及附加	2 639 000	
销售费用	88 340 000	
管理费用	29 140 000	
研发费用	3 270 000	
财务费用	40 164 050	

项　　目	本期金额	上期金额（略）
其中：利息费用	40 000 000	
其他费用	164 050	
加：其他收益		
投资收益（损失以"－"号填列）	1 467 000	
其中：对联营企业和合营企业的投资收益		
公允价值变动收益（损失以"－"号填列）		
信用减值损失（损失以"－"号填列）		
资产减值损失	1 454 000	
资产处置收益（损失以"－"号填列）		
二、营业利润（亏损以"－"号填列）	53 602 330	
加：营业外收入	96 400	
减：营业外支出	8 732 000	
三、利润总额（亏损总额以"－"号填列）	44 966 730	
减：所得税费用	18 793 630	
四、净利润（净亏损以"－"号填列）	26 173 100	
（一）持续经营净利润（净亏损以"－"号填列）		
（二）终止经营净利润（净亏损以"－"号填列）		
五、其他综合收益的税后净额		
（一）不能重分类进损益的其他综合收益		
1. 重新计量设定受益计划变动额		
2. 权益法不能损益的其他综合收益		
3. 其他权益工具投资公允价值变动		
4. 企业自身信用风险公允价值变动		
……		
（二）将重分类进损益的其他综合收益		
1. 权益法下可转损益的其他综合收益		
2. 其他债权投资公允价值变动		
3. 金融资产重分类为计入其他综合收益的金额		
4. 其他债权投资信用减值准备		
5. 现金流量套期储备		

项　目	本期金额	上期金额（略）
6. 外币财务报表折算差额		
……		
六、综合收益总额		
七、每股收益		
（一）基本每股收益		
（二）稀释每股收益		

12.1.3　现金流量表编制方法

现金流量是一定会计期间内企业现金和现金等价物的流入和流出。企业从银行提取现金、用现金购买短期到期的国库券等现金和现金等价物之间的转换不属于现金流量。

现金是企业库存现金以及可以随时用于支付的存款，包括库存现金、银行存款和其他货币资金（如外埠存款、银行汇票存款、银行本票存款）等。不能随时用于支付的存款不属于现金。

现金等价物是企业持有的期限短、流动性强、易于转换为已知金额现金、价值变动风险很小的投资。期限短，一般是指从购买日起三个月内到期。现金等价物通常包括三个月内到期的债券投资等。权益性投资变现的金额通常不确定，因而不属于现金等价物。企业应当根据具体情况，确定现金等价物的范围，一经确定不得随意变更。

1. 经营活动产生的现金流量项目计算

经营活动产生的现金流量净额计算。经营活动产生的现金流量净额的各个子项目计算方法具体见表 12-8。

表 12-8　经营活动产生的现金流量净额计算

项　目	计算公式
销售商品、 提供劳务收到的现金	利润表"主营业务收入"＋"其他业务收入"＋按利润表中（"主营业务收入"＋"其他业务收入"）计算的应交税金（应交增值税－销项税额）＋资产负债表中（"应收账款"期初数－"应收账款"期末数）＋（"应收票据"期初数－"应收票据"期末数）＋（"合同负债"期末数－"合同负债"期初数）－当期计提的"坏账准备"

项 目	计算公式
收到的税费返还	（应收补贴款期初余额－应收补贴款期末余额）＋补贴收入＋所得税本期贷方发生额累计数
收到的其他与经营活动有关的现金	营业外收入相关明细本期贷方发生额＋其他业务收入相关明细本期贷方发生额＋其他应收账款相关明细本期贷方发生额＋其他应付账款相关明细本期贷方发生额＋银行存款利息收入
购买商品、接受劳务支付的现金	＝利润表中"主营业务成本"＋"其他支出成本"＋（资产负债表中"存货"期末价值－"存货"期初价值）＋应交税费（应交增值税——进项税额）＋（"应付账款"期初数－"应付账款"期末数）＋（"应付票据"期初数－"应付票据"期末数）＋（"合同资产"期末数－"合同资产"期初数）
支付给职工以及为职工支付的现金	＝资产负债表中"应付职工薪酬"期末数－期初数＋本期为职工支付的工资和福利总额（包含在销售费用，管理费用里面）
支付的各项税费（不包括耕地占用税及退回的增值税所得税）	＝利润表中"所得税"＋"税金及附加"＋"应交税金（应交增值税－已交税金）（本期利润表中营业收入计算的各项税费）"
支付的其他与经营活动有关的现金（剔除各项因素后的费用）	＝利润表中"管理费用＋销售费用＋营业外收入－营业外支出"－资产负债表中"累计折旧"增加额（期末数－斯初数）（也就是计入各项费用的折旧，这部分是没有在本期支付现金的）－费用中的工资（已在"为职工支付的现金"中反映）。

（1）销售商品、提供劳务收到的现金。

【例 12-3】绿地房地产开发有限公司 2×21 年 1 月 31 日增值税专用发票上注明的不含税金额为 320 467 380 元，租金收入 9 140 000 元（不含税），税率均为 9%。应收票据期初余额为 240 000 元，期末余额为 230 000 元；预收账款期初余额为 240 000 元，期末余额为 120 000 元；应收账款期初余额为 5 442 000 元，期末余额为 8 428 000 元；合同资产期初余额为 44 500 000 元，合同资产期末余额为 97 400 000 元，本月计提坏账损失为 892 000 元。

本期销售商品、提供劳务收到的现金＝359 272 044.20［（320 467 380＋9 140 000）×（1＋9%）］

加：本期收到前期的应收票据＝10 000（240 000－230 000）

本期收到前期的应收账款＝－3 878 000（5 442 000－8 428 000－

892 000）

本期合同资产＝52 900 000（97 400 000－44 500 000）

本期预收账款＝120 000（240 000－120 000）

合计：本期销售商品、提供劳务收到的现金 408 424 044.20 元

（2）收到的税费返回。

"收到的税费返还"项目，反映企业收到返还的各种税费，如收到的增值税、所得税、消费税、关税和教育费附加返还款等。本项目可以根据有关科目的记录分析填列。

【例 12-4】2×21 年 1 月 31 日，绿地房地产开发有限公司预缴所得税17 231 200 元，本月应交所得税款 16 345 200 元，月末收到所得税返还款886 000 元，已存入银行。

本期收到的税费返还 886 000 元。

（3）收到的其他与经营有关的现金。

"收到的其他与经营活动有关的现金"项目，反映企业除上述各项目外，收到的其他与经营活动有关的现金，如罚款收入、经营租赁固定资产收到的现金、投资性房地产收到的租金收入、流动资产损失中由个人赔偿的现金收入、除税费返还外的其他政府补助收入等。其他现金流入如价值较大的，应单列项目反映。

本项目可以根据"库存现金""银行存款""营业外收入""管理费用""销售费用"等科目的记录分析填列。

【例 12-5】绿地房地产开发有限公司收到出租设备收入 512 490 元。

收到的其他与经营活动有关的现金为 512 490 元。

（4）购买商品、接受劳务支付的现金。

"购买商品、接受劳务支付的现金"项目，反映企业购买材料、商品、接受劳务实际支付的现金，包括支付的货款以及与货款同时支付的增值税进项税额。具体包括：本期购买商品、接受劳务支付的现金，以及本期支付前期购买商品、接受劳务的未付款项和本期预付款项，减去本期发生的购货退回收到的现金。为购置存货而发生的借款利息资本化部分，应在"分配股利、利润或偿付利息支付的现金"项目中反映。企业购买材料和代购代销业务支付的现金，也在本项目反映。

本项目可以根据"库存现金""银行存款""应付票据""应付账款""合

同资产""主营业务成本""其他业务成本"等科目的记录分析填列。

【例12-6】绿地房地产开发有限公司本期购买建筑材料，收到的专用发票上注明不含税价款为109 700 000元；租用临时活动房支出2 765 000元。应付账款月初余额为25 300 000元，月末余额为52 135 000元；应付票据月初余额为600 000元，月末余额为500 000元；合同负债账款期初余额为445 000 000元，期末余额为97 400 000元；购买工程用物资4 230 000元，货款已通过银行转账支付。

本期购买商品、接受劳务支付的现金计算如下：

本期购买砂石及水泥支付的价款＝122 586 850〔（109 700 000＋2 765 000）×（1＋9％）〕

加：本期支付的前期应付账款＝－26 835 000（25 300 000－52 135 000）

本期支付的前期应付票据＝100 000（600 000－500 000）

本期合同负债＝52 900 000（97 400 000－44 500 000）

本期购买商品、接受劳务支付的现金为148 751 850元

（5）支付给职工以及为职工支付的现金。

"支付给职工以及为职工支付的现金"项目，反映企业实际支付给职工的现金以及为职工支付的现金，包括企业为获得职工提供的服务，本期实际给予各种形式的报酬以及其他相关支出，如支付给职工的工资、奖金、各种津贴和补贴，为职工支付的医疗、养老、失业、工伤、生育等社会保险基金、补充养老保险、住房公积金，为职工交纳的商业保险金，因解除与职工劳动关系给予的补偿，现金结算的股份支付，以及支付给职工或为职工支付的其他福利费用等，不包括支付给在建工程人员的工资。支付的在建工程人员的工资，在"购建固定资产、无形资产和其他长期资产所支付的现金"项目中反映。应根据职工的工作性质和服务对象，分别在"购建固定资产、无形资产和其他长期资产所支付的现金"和"支付给职工以及为职工支付的现金"项目中反映。

本项目可以根据"库存现金""银行存款""应付职工薪酬"等科目的记录分析填列。

【例12-7】绿地房地产开发有限公司本期实际支付工资10 236 600元。

支付给职工的工资10 236 600元。

（6）支付的各项税费

"支付的各项税费"项目，反映企业按规定支付的各项税费，包括本期发生并支付的税费，以及本期支付以前各期发生的税费和预交的税金，如支付的增值税、消费税、所得税、教育费附加、印花税、房产税、土地增值税、车船使用税等。不包括本期退回的增值税、所得税。本期退回的增值税、所得税等，在"收到的税费返还"项目中反映。本项目可以根据"应交税费""库存现金""银行存款"等科目的记录分析填列。

【例 12-8】绿地房地产开发有限公司本月支付的增值税、城建税、教育费附加、所得税、印花税、车船税等税款共计 1 942 350 元。另外，支付与经营活动有关的现金为 80 042 480 元

本期支付的各项税费 1 942 350 元

本期支付与经营活动相关的现金 80 042 480 元

2. 投资活动产生的现金流量项目计算

投资活动产生的现金流量净额计算。投资活动产生的现金流量净额各个子项目计算方法具体见表 12-9。

表 12-9　投资活动产生的现金流量净额计算

项　目	计算公式
收回投资所收到的现金	＝ 资产负债表中"债权投资"期初期末数和各项长期投资科目的变动数
取得投资收益所收到的现金	＝利润表投资收益－（应收利息期末数－应收利息期初数）－（应收股利期末数－应收股利期初数）
处置固定资产、无形资产和其他长期资产所收回的现金净额	＝ 资产负债表中"固定资产"＋"在建工程"＋"无形资产"等其他科目变动额（减少了计入收到的现金流量中，增加了计入支付的现金流量中）
收到的其他与投资活动有关的现金	如收回融资租赁设备本金等
购建固定资产、无形资产和其他长期资产所支付的现金	＝（在建工程期末数－在建工程期初数）（剔除利息）＋（固定资产期末数－固定资产期初数）＋（无形资产期末数－无形资产期初数）＋（其他长期资产期末数－其他长期资产期初数）
投资所支付的现金	＝（债权投资期末数－债权投资期初数）＋（长期股权投资期末数－长期股权投资期初数）（剔除投资收益或损失）＋（长期债权投资期末数－长期债权投资期初数）（剔除投资收益或损失）
支付的其他与投资活动有关的现金	如投资未按期到位罚款

（1）"收回投资收到的现金"项目。

"收回投资收到的现金"项目，反映企业出售、转让或到期收回除现金等价物以外的交易性金融资产、债权投资、长期股权投资等而收到的现金。不包括债权性投资收回的利息、收回的非现金资产，以及处置子公司及其他营业单位收到的现金净额。债权性投资收回的本金，在本项目反映，债权性投资收回的利息，不在本项目中反映，而在"取得投资收益所收到的现金"项目中反映。处置子公司及其他营业单位收到的现金净额单设项目反映。

本项目可以根据"交易性金融资产""债权投资""长期股权投资""库存现金""银行存款"等科目的记录分析填列。

【例 12-9】绿地房地产开发有限公司出售招商银行股票，收到的金额为 881 200 元；出售用过的起重机，收到价款 153 200 元。

本期收回投资所收到的现金 881 200 元

（2）取得投资收益收到的现金

"取得投资收益收到的现金"项目，反映企业因股权性投资而分得的现金股利，因债权性投资而取得的现金利息收入。

本项目可以根据"应收股利""应收利息""投资收益""库存现金""银行存款"等科目的记录分析填列。

（3）"处置固定资产、无形资产和其他长期资产收回的现金净额"项目，反映企业出售固定资产、无形资产和其他长期资产（如投资性房地产）所取得的现金，减去为处置这些资产而支付的有关税费用后的净额。

本项目可以根据"固定资产清理""库存现金""银行存款"等科目的记录分析填列。

接【例 12-9】，本期收到出售起重机 153 200 元

（4）购建固定资产、无形资产和其他长期资产支付的现金。

"购建固定资产、无形资产和其他长期资产支付的现金"项目，反映企业购买、建造固定资产，取得无形资产和其他长期资产（如投资性房地产）支付的现金（含增值税款），以及用现金支付的应由在建工程和无形资产负担的职工薪酬。

本项目可以根据"固定资产""在建工程""工程物资""无形资产""库存现金""银行存款"等科目的记录分析填列。

【例 12-10】绿地房地产开发有限公司本期购入 3 台推土机，价款共计 1 120 000元，货款已付。购买工程材料750 000元；在建工程工人工资93 400元。

本期购建固定资产、无形资产和其他长期资产支付的现金计算如下：

购买挖掘机支付的现金 1 120 000 元。

加：为在建工程购买材料支付的现金 750 000

在建工程人员工资及费用 93 400

本期购建固定资产、无形资产和其他长期资产支付的现金 1 963 400 元

（5）投资支付的现金。

"投资支付的现金"项目，反映企业进行权益性投资和债权性投资所支付的现金，包括企业取得的除现金等价物以外的交易性金融资产、持有至到期投资、可供出售金融资产而支付的现金，以及支付的佣金、手续费等交易费用。

本项目可根据"交易性金融资产""债权投资""其他债权投资""投资性房地产""长期股权投资""库存现金""银行存款"等科目的记录分析填列。

（6）支付的其他与投资活动有关的现金。

"支付的其他与投资活动有关的现金"项目，反映企业除上述各项目外，支付的其他与投资活动有关的现金流出。其他与投资活动有关的现金，如果价值较大的，应单列项目反映。

3. 筹资活动产生的现金流量有关项目的计算

筹资活动产生的现金流量净额计算。筹资活动产生的现金流量净额各个子项目计算方法，具体见表 12-10。

表 12-10　融资活动产生的现金流量净额计算

项　目	计算公式
吸收投资所收到的现金	＝（实收资本或股本期末数－实收资本或股本期初数）＋（应付债券期末数－应付债券期初数）
借款收到的现金	＝（短期借款期末数－短期借款期初数）＋（长期借款期末数－长期借款期初数）
收到的其他与融资活动有关的现金	如投资人未按期缴纳股权的罚款现金收入等
偿还债务所支付的现金	＝（短期借款期初数－短期借款期末数）＋（长期借款期初数－长期借款期末数）（剔除利息）＋（应付债券期初数－应付债券期末数）（剔除利息）

项　目	计算公式
分配股利、利润或偿付利息所支付的现金	＝ 利润表中"投资收益"本期发生额－资产负债表中"应收股利"期末数－期初数－"应收利息"期末数－期初数
支付的其他与筹资活动有关的现金	如发生融资费用所支付的现金、融资租赁所支付的现金、减少注册资本所支付的现金（收购本公司股票，退还联营单位的联营投资等）、企业以分期付款方式购建固定资产，除首期付款支付的现金以外的其他各期所支付的现金等

（1）"吸收投资收到的现金"项目，反映企业以发行股票、债券等方式筹集资金实际收到的款项净额（发行收入减去支付的佣金等发行费用后的净额）。

本项目可以根据"实收资产（或股本）""资本公积""库存现金""银行存款"等科目的记录分析填列。

（2）借款收到的现金。

"取得借款收到的现金"项目，反映企业举借各种短期、长期借款而收到的现金。

本项目可以根据"短期借款""长期借款""交易性金融资产""应付债券""库存现金""银行存款"等科目的记录分析填列。

【例 12-11】绿地房地产开发有限公司短期借款期末数 20 000 000 元，期初数 10 000 000 元；长期借款期末数 90 000 000 元，期初数 20 000 000 元，支付利息费用 3 450 000 元

＝（短期借款期末数－短期借款期初数）＋（长期借款期末数－长期借款期初数）－利息费用

＝（20 000 000－10 000 000）＋（90 000 000－20 000 000）－3 450 000

＝10 000 000＋70 000 000－3 450 000

＝76 550 000（元）

（3）"收到的其他与筹资活动有关的现金"项目，反映企业除上述各项目外，收到的其他与筹资活动有关的现金流入，如接受现金捐赠等。其他与筹资活动有关的现金，如果价值较大的，应单列项目反映。本项目可以根据有关科目的记录分析填列。

（4）"偿还债务所支付的现金"项目，反映企业以现金偿还债务的本金。

本项目可以根据"短期借款""长期借款""交易性金融资产""应付债券""库存现金""银行存款"等科目的记录分析填列。

（5）"分配股利、利润或偿付利息所支付的现金"项目，反映企业实际支付的现金股利，支付给其他投资单位的利润或用现金支付的借款利息，债券利息。

本项目可根据"应付股利""应付利息""利润分配""财务费用""在建工程""制造费用""研发支出""库存现金""银行存款"等科目的记录分析填列。

【例 12-12】本月向投资者支付利润 12 118 100 元。

本期分配股利、利润或偿付利息所支付的现金计算如下：

分配股利、利润或偿付利息所支付的现金 12 118 100 元

4. 汇率变动对现金及现金等价物的影响

企业外币现金流量折算成记账本位币时，所采用的是现金流量发生日的汇率或即期汇率的近似汇率，而现金流量表"现金及现金等价物净增加额"项目中外币现金净增加额是按资产负债表日的即期汇率折算。这两者的差额即为汇率变动对现金的影响。

5. 现金的计算

现金的期末余额＝资产负债表"货币资金"期末余额

现金的期初余额＝资产负债表"货币资金"期初余额

现金及现金等价物的净增加额＝现金的期末余额－现金的期初余额

根据上述资料，编制绿地房地产开发有限公司现金流量表。见表 12-11。

表 12-11　现金流量表

编制单位：绿地房地产开发有限公司　　2×21 年 1 月 31 日　　　　单位：元

项　　目	本期金额	上期金额（略）
一、经营活动产生的现金流量		
销售商品、提供劳务收到的现金	408 424 044.20	
收到的税费返还	886 000	
收到其他与经营活动有关的现金	512 490	
经营活动现金流入小计	409 822 534.20	

项　目	本期金额	上期金额（略）
购买商品、接受劳务支付的现金	148 751 850	
支付给职工以及为职工支付的现金	10 236 600	
支付的各项税费	1 942 350	
支付其他与经营活动有关的现金	80 042 480	
经营活动现金流出小计	240 973 280	
经营活动产生的现金流量净额	168 849 254.20	
二、投资活动产生的现金流量		
收回投资收到的现金	881 200	
取得投资收益收到的现金		
处置固定资产、无形资产和其他长期资产收回的现金净额	153 200	
处置子公司及其他营业单位收到的现金净额		
收到其他与投资活动有关的现金		
投资活动现金流入小计	1 034 400	
购建固定资产、无形资产和其他长期资产支付的现金	1 963 400	
投资支付的现金		
取得子公司及其他营业单位支付的现金净额		
支付其他与投资活动有关的现金		
投资活动现金流出小计	1 963 400	
投资活动产生的现金流量净额	－929 000	
三、筹资活动产生的现金流量		
吸收投资收到的现金		
取得借款收到的现金	76 550 000	
收到其他与筹资活动有关的现金		
筹资活动现金流入小计	76 550 000	
偿还债务支付的现金		
分配股利、利润或偿付利息支付的现金	12 118 100	

续上表

项　目	本期金额	上期金额（略）
支付其他与筹资活动有关的现金		
筹资活动现金流出小计	12 118 100	
筹资活动产生的现金流量净额	64 431 900	
四、汇率变动对现金及现金等价物的影响		
五、现金及现金等价物净增加额	9 892 000	
加：期初现金及现金等价物余额	36 004 000	
六、期末现金及现金等价物余额	45 896 000	

12.1.4　所有者权益变动表编制方法

通过所有者权益变动表，既可以为报表使用者提供所有者权益总量增减变动的信息，也能为其提供所有者权益增减变动的结构性信息，特别是能够让报表使用者理解所有者权益增减变动的根源。所有者权益变动表在一定程度上体现企业的综合收益。

综合收益＝净利润＋直接计入当期所有者权益的利得和损失

净利润＝收入－费用

所有者权益变动表各项目均需填列"本年金额"和"上年金额"两栏。

所有者权益变动主要项目的列报说明

1. "上年年末余额"项目

反映企业上年资产负债表中实收资本（或股本）、资本公积、盈余公积、未分配利润的年末余额。

2. "会计政策变更"和"前期差错更正"项目

分别反映企业采用追溯调整法处理会计政策重要的累计影响金额和采用追溯重述法处理会计差错更正的累积影响金额。

3. "本年增减变动额"项目

（1）"综合收益总额"项目，反映净利润和其他综合收益扣除所得税影响后的净额相加后的金额。

（2）"所有者投入和减少资本"项目，反映企业接受投资者投入形成的实收资本（或股本）和资本溢价（或股本溢价）及减少的资本。

（3）"利润分配"项目，反映企业当年的利润分配金额。

（4）"所有者权益内部结转"下各项目，反映企业构成所有者权益各组成部分之间的增减变动情况。

其中：①"资本公积转增资本（或股本）"项目，反映企业以资本公积转增资本或股本的金额。

②"盈余公积转增资本（或股本）"项目，反映企业以盈余公积转增资本或股本的金额。

③"盈余公积弥补亏损"项目，反映企业以盈余公积弥补亏损的金额。

【例12-13】绿地房地产开发有限公司2×21年1月有关所有者权益账户年初余额本年增减变化见表12-12。根据表12-12，编制所有者权益（股东权益）变动见表12-13（上年金额略）。

表 12-12　所有者权益账户变动情况及原因

单位：元

账户	年初余额	本年增加原因	本年减少原因	期末余额
实收资本（或股本）	80 000 000	0	0	80 000 000
资本公积	1 240 000	资产增值 10 291 900		11 531 900
盈余公积	4 500 000	从净利润中提取 2 390 000		6 890 000
未分配利润	14 508 100	实现净利润 14 508 100	提取盈余公积 2 390 000 元，分配 利润 12 118 100	14 508 100
所有者权益（或股东权益）合计	100 248 100	27 190 000	14 508 100	112 930 000

我国企业所有者权益变动表的格式，见表12-13。

表12-13 所有者权益变动表

2×21 年度

编制单位：绿地房地产开发有限公司　　　　　　　　　　　　单位：元

项目	本年金额									上年金额								
	实收资本或股本	其他权益工具			资本公积	减：库存股	其他综合收益	盈余公积	未分配利润	所有者权益合计	实收资本（或股本）	其他权益工具			资本公积	减：库存股	其他综合收益	盈余公积	未分配利润	所有者权益合计
		优先股	永续债	其他								优先股	永续债	其他						
一、上年年末余额	80 000 000				1 240 000			4 500 000	14 508 100	100 248 100										
加：会计政策变更																				
前期差错更正																				
其他																				
二、本年年初余额	80 000 000				1 240 000			4 500 000	14 508 100	100 248 100										
三、本年增减变动金额（减少以"—"号填列）					10 291 900			2 390 000	0	12 681 900										

项目	本年金额										上年金额									
	实收资本或股本	其他权益工具			资本公积	减：库存股	其他综合收益	盈余公积	未分配利润	所有者权益合计	实收资本（或股本）	其他权益工具			资本公积	减：库存股	其他综合收益	盈余公积	未分配利润	所有者权益合计
		优先股	永续债	其他								优先股	永续债	其他						
（一）综合收益总额					10 291 900				14 508 100	24 800 000										
（二）所有者投入和减少资本																				
1. 所有者投入普通股																				
2. 其他权益工具持有者投入资本																				
3. 股份支付计入所有者权益金额																				
4. 其他																				

项目	本年金额										上年金额									
	实收资本（或股本）	其他权益工具			资本公积	减：库存股	其他综合收益	盈余公积	未分配利润	所有者权益合计	实收资本（或股本）	其他权益工具			资本公积	减：库存股	其他综合收益	盈余公积	未分配利润	所有者权益合计
		优先股	永续债	其他								优先股	永续债	其他						
（三）利润分配																				
1. 提取盈余公积								2 390 000	−2 390 000	0										
2. 对所有者（或股东）的分配									−12 118 100	−12 118 100										
3. 其他																				
（四）所有者权益内部结转																				
1. 资本公积转增资本（或股本）																				

267

续上表

项目	本年金额									上年金额								
	实收资本（或股本）	其他权益工具			资本公积	减：库存股	其他综合收益	盈余公积	未分配利润	所有者权益合计	实收资本（或股本）	其他权益工具			资本公积	减：库存股	其他综合收益	盈余公积	未分配利润	所有者权益合计
		优先股	永续债	其他								优先股	永续债	其他						
2. 盈余公积转增资本（或股本）																				
3. 盈余公积弥补亏损																				
4. 设定受益计划变动额结转留存收益																				
5. 其他综合收益结转留存收益																				
6. 其他																				
四、本年年末余额	80 000 000				11 531 900			6 890 000	14 508 100	112 930 000										

未分配利润本年增减变动额＝14 508 100 — 2 390 000 — 12 118 100＝0（元）

未分配利润年末余额＝14 508 100＋0＝14 508 100（元）

12.2　会计报表附注

会计报表附注是会计报表的补充，主要是对会计报表不能包括的内容或者披露不详尽的内容作做一步的解释说明，包括对基本会计假设发生变化；会计报表各项目的增减变动（报表主要项目的进一步注释），以及或有某项或资产负债表日后事项中的不可调整事项的说明：关联方关系及交易的说明等。

12.2.1　重要会计政策的说明

会计政策是指企业在会计确认、计量和报告中所采用的原则、基础和会计处理方法。企业采用的会计计量基础也属于会计政策。

会计政策

一个基本会计准则　　　　41个具体会计准则

会计政策变更的条件有以下两点：

（1）法律、行政法规或国家统一的会计制度等要求变更。

依照法律、行政法规以及国家统一的会计准则制度的规定，要求企业采用新的会计政策。例如，《企业会计准则第14号——收入》（财会〔2017〕22号）发布实施以后，同时在境内境外上市的公司于2018年1月1日执行。

（2）会计政策的变更能够提供更可靠、更相关的会计信息。

年报中财务报告—重要会计政策及会计估计部分，每家公司的会计政策都会清清楚楚的列式出来。以下是2018年东阿阿胶年报中会计政策变更的部分内容。

根据《关于修订印发 2018 年度一般企业财务报表格式的通知》（财会［2018］15 号）要求，资产负债表中，将"应收票据"和"应收账款"归并至新增的"应收票据及应收账款"项目，将"应收利息"和"应收股利"归并至"其他应收款"项目，将"固定资产清理"归并至"固定资产"项目，将"工程物资"归并至"在建工程"项目，将"应付票据"和"应付账款"归并至新增的"应付票据及应付账款"项目，将"专项应付款"归并至"长期应付款"项目；在利润表中，增设"研发费用"项目列报研究与开发过程中发生的费用化支出，"财务费用"项目下分拆"利息费用"和"利息收入"明细项目；本集团相应追溯调整了比较数据。该会计政策变更对合并及公司净利润和股东权益无影响。

　　上述会计政策变更引起的追溯调整对财务报表的主要影响如下：

本集团

2018 年

	会计政策变更前年初余额/本年发生额	会计政策变更	会计政策变更后年初余额/本年发生额
应收票据	551 832 220.20	（551 832 220.20）	—
应收账款	504 726 197.67	（504 726 197.67）	—
应收票据及应收账款	—	1 056 558 417.87	1 056 558 417.87
应收利息	1 324 138.04	（1 324 138.04）	—
其他应收款	59 163 575.81	1 324 138.04	60 487 713.85
应付票据	31 191 868.31	（31 191 868.31）	—
应付账款	829 133 848.64	（829 133 848.64）	—
应付票据及应付账款	—	860 325 716.95	860 325 716.95

会计报表附注应披露的重要会计政策主要包括：

（1）编制会计合并报表所采纳的原则；

（2）外币折算时所采用的方法；

（3）收入的确认原则；

（4）所得税的会计处理方法；

（5）短期投资的期末计价方法；

（6）存货的计价方法；

（7）长期股权投资的核算方法；

（8）长期债权投资的溢折价的摊销方法；

（9）坏账损失的具体会计处理方法；

（10）借款费用的处理方法；

（11）无形资产的计价及摊销方法；

（12）应付债券的溢折价的摊销方法。

12.2.2　会计估计及其变更的说明

会计估计，是指企业对其结果不确定的交易或事项以最近可利用的信息为基础所作的判断。会计估计具有以下特点：

下列各项属于常见的需要进行估计的项目如下：

（1）存货可变现净值的确定

（2）采用公允价值模式下的投资性房地产公允价值的确定

（3）固定资产的预计使用寿命与净残值，固定资产的折旧方法

（4）使用寿命有限的无形资产的预计使用寿命与净残值

（5）预计负债初始计量的最佳估计数的确定、公允价值的确定

会计估计变更，是指由于资产和负债的当前状况及预期经济利益和义务发生了变化，从而对资产或负债的账面价值或者资产的定期消耗金额进行调整。

通常情况下，企业可能由于以下原因而发生会计估计变更：

（1）赖以进行估计的基础发生了变化。企业进行会计估计，总是要依赖于一定的基础，如果其所依赖的基础发生了变化，则会计估计也应相应作出改变。例如，企业某项无形资产的摊销年限原定为15年，以后获得了国家专利保护，该资产的受益年限已变为10年，则应相应调减摊销年限。

（2）取得了新的信息，积累了更多的经验。企业进行会计估计是就现有资料对未来所作的判断，随着时间的推移，企业有可能取得新的信息、积累更多的经验，在这种情况下，也需要对会计估计进行修订。例如，东阿阿胶对生物性资产企业原对固定资产采用年限平均法按15年计提折旧，后来根据新得到的信息——使用5年后对该固定资产所能生产的产品的产量有了比较准确的证据，企业改按工作量法计提固定资产折旧。

2018 年 3 月，发布《关于公司会计估计变更的议案》公告。

证券代码：000423 证券简称：东阿阿胶 公告编号：2018-08

东阿阿胶股份有限公司

关于公司会计估计变更的公告

本公司及董事会全体成员保证信息披露内容的真实、准确和完整，没有虚假记载、误导性陈述或重大遗漏。

东阿阿胶股份有限公司（以下简称"公司"）2018 年 3 月 14 日召开的第八届董事会第十五次会议审议通过了《关于公司会计估计变更的议案》。现将相关事项公告如下：

一、会计估计变更的内容

（一）变更前：成熟生产性生物资产的成龄种驴，按照年限平均法计提折旧，折旧年限为 5 年，净残值率为 5%。

（二）变更后：成熟生产性生物资产的成龄种驴，按照年限平均法计提折旧，折旧年限为 10 年，净残值率为 60%。

二、本次会计估计变更对财务报表的影响及变更时间

按照《企业会计准则》规定本次会计估计变更采用未来适用法，不改变以前期间的会计估计，也不调整以前期间的报告结果。

会计估计变更后，根据测算预计影响每年增加净利润 325.55 万元。

……

12.2.3　重要事项说明

如露笑科技控股股东、实际控制人部分股份解除质押资产抵押公告等。

1. 资产负债表日后事项的说明

资产负债表日后事项包括未决诉讼、仲裁，担保等。

（1）未决诉讼或仲裁形成的或有事项及其财务影响。

期末本公司及个别子公司是某些法律诉讼中的被告，也是在日常业务中出现的其他诉讼中的原告。尽管现时无法确定这些或有事项、法律诉讼或其他诉讼的结果，管理层相信任何因此引致的负债不会对本公司的财务状况或经营业绩构成重大的负面影响。

（2）为子公司提供担保。

以下是截至 2018 年 12 月 31 日某上市公司为下属子公司提供担保明细。

被担保方	担保金额（万元）	被担保贷款期限	担保期限	担保是否已经履行完毕
大连獐子岛通远食品有限公司	2 838.82	2018/7/13—2019/7/12	债务履行期限届满之日起 2 年	否

2. 关联方关系及其交易的说明

关联方是上市公司财报中必须披露内容，关联方是母公司、子公司、合营及联营企业、其他关联方等。关联方交易是指购销业务，租赁，担保，资金拆借，关联方债务重组、资产转让。

菱王电梯股份有限公司关联方关系、关联方交易情况说明（节选）如下。

关联方	关联关系
1. 控股股东、实际控制人	
梁永标	直接持有本公司 48% 股份、持有股东菱王控股 100% 股份、持有股东佛山朗越 66.3% 股份
邹雍然	直接持有本公司 5% 股份，梁永标的配偶
梁永源	直接持有本公司 12 股份，梁永标的兄弟
2. 发行人子公司	
广东菱王电梯工程有限公司	本公司子公司
广东菱王实业有限公司	本公司子公司
佛山菱王科技有限公司	本公司子公司

3. 会计报表中重要项目的说明

如应收票据及应收账款，应收利息、其他应收款及计提坏账准备、长期股权投资、对联营合营企业的投资、营业收入及营业成本、投资收益，等等。

参 考 文 献

[1] 企业会计准则编审委员会. 企业会计准则及应用指南实务详解 [M]. 北京：人民邮电出版社，2019.

[2] 财政部会计司. 企业会计准则第 14 号：收入应用指南 2018 [M]. 北京：中国财政经济出版社，2018.

[3] 樊剑英，段文涛，王骏. 房地产开发企业税收与会计实务大全 [M]. 北京：中国市场出版社，2018.

[4] 栾庆忠. 增值税纳税实务与节税技巧 [M]. 5 版. 北京：中国市场出版社，2018.

[5] 林佳良. 土地增值税清算指南 [M]. 5 版. 北京：中国市场出版社，2018.

[6] 计敏，王庆，王立新. 全行业增值税操作实务与案例分析 [M]. 北京：中国市场出版社，2018.

[7] 栾庆忠. 增值税发票税务风险解析与应对（实战案例版）[M]. 北京：中国人民大学出版社，2019.

[8] 刘霞，庞思诚. 金税三期管控下增值税会计核算及纳税风险实务 [M]. 上海：立信会计出版社，2018.

[9] 蔡昌. 房地产企业全程会计核算与税务处理 [M]. 4 版. 北京：中国市场出版社，2018.

[10] 李曙亮. 房地产开发企业会计与纳税实务 [M]. 2 版. 大连：大连出版社，2018.

[11] 曾勤，张程程. 会计科目设置与应用大全书 [M]. 北京：人民邮电出版社，2018.

[12] 中华人民共和国财政部. 企业会计准则应用指南（2018 年版）[M]. 上海：立信会计出版社，2018.

[13] 邱银春. 新手学会计 [M]. 北京：清华大学出版社，2018.

[14] 马泽方. 企业所得税实务与风险防控 [M]. 2 版. 北京：中国市场出版社，2018.

[15] 吴健. 新个人所得税实务与案例 [M]. 北京：中国市场出版社，2018.

[16] 王月明，吴健. 企业所得税优惠实务操作指南与案例解析 [M]. 北京：中国税务出版社，2018.

[17] 本书编写组. 中华人民共和国现行税收法规及优惠政策解读 [M]. 上海：立信会计出版社，2018.

[18] 中国注册会计师协会. 会计 CPA [M]. 北京：中国财政经济出版社，2018.